国語科
教材研究
の起点

素材と向き合うことの
意義と視点

中條敦仁 著
CHUJO Atsushi

ナカニシヤ出版

序
――これからの教師と国語科教育に求められること――

1　教師の現状

『新明解国語辞典 第7版』(2012)「教師」の項には，「(組織化された教育機関で) 知識を授け技芸を指導する立場にある人。」とある。しかし，実際の教師の仕事はこれに留まらず，学校経営・学級経営・学習計画立案・相談援助・自立支援・生活指導・進路指導・部活指導，時には父母や祖父母のような役割をも果たすなど，その仕事は多種多様にして激務である。その上，こどもの個性の尊重や様々な価値観の是認，多様な文化の流入をひとつの背景として，学校の抱える課題は多様化・複雑化傾向にあり，教師の多角的対応力も求められる。

この状況にあって，文部科学省 (2016) は「学校の組織としての在り方や，学校の組織文化に基づく業務の在り方などを見直し，「チームとしての学校」を作り上げていくことが大切である。」と提言している。今，学校は様々な課題に対応すべく，チーム一丸となって取り組むことが求められている。

2　平成29年告示学習指導要領

先に述べたように教師に求められる仕事は多岐にわたり，抱える課題は多い。

とはいえ，教師の仕事の核には，「知識を授け技芸を指導する」ための教科指導がなくてはならない。

平成29年に改訂版の学習指導要領が告示され，教科指導計画作成の基本姿勢として「主体的・対話的で深い学び」が提唱された。こども自身が学ぶことに興味を持ち，自ら課題を見いだし，他者と互いの考えを伝え合い共有することを通して，深い学びを得ようというものである。つまり，これからの学習活動の主体はこども自身であって，教師は従来おこなわれてきた「教師主導型」の授業からの脱却を成し遂げなければならないのである。

3　これからの国語科教育

学習指導要領（平成 29 年）には，こどもが未来に生きるために必要な資質・能力やそれを育てるための手立てが多く散りばめられているが，中でも言語能力は重要なもののひとつとされ，全教科における言語活動の充実が重要な課題として示されている。国語科教育の核をなすものは，言語(ことば)であり，言語活動の充実の成否は国語科教育にかかっているのである。現に，学習指導要領解説総則編（平成 29 年）には，「国語科を要とし」という文言があり，国語科教育重視が示されている。

学習指導要領解説国語編（平成 29 年）に示された目標は「言葉による見方・考え方を働かせ，言語活動を通して，国語で正確に理解し適切に表現する資質・能力を次のとおり育成」である。注目すべきは「言葉による見方・考え方」であり，高橋（2017）は「読むことの領域で考えれば読み方であり，それは具体的には教科内容とその指標のことである。」(p.40) とする。つまり，こどもの「言葉による見方・考え方」を引き出すためには，教材の内容をどう読み取らせ（手立て），付随する課題にどう気づかせ（課題発見），その課題に対しどう判断を下すか（課題解決）の学習プロセスの構築が必要である。

4　国語科教育を担う教師に求められる資質能力

国語科教育においても「主体的・対話的で深い学び」を体現する学習の場の提供が求められる。その学習計画を立てるためには，先ほど述べたように教材の内容を読み取らせるための手立てが必要となるが，その手立てを考えるためには教材で何を読み取らせることができるかを知ることから始めなければならない。つまり，学習計画の根本に教材自体の持つ味わいを読み解き，素材の教材としての価値を見いだすことが必要なのである。

本書は，その素材に着目し，素材研究の重要性を述べ，素材研究の視点と具体的方法を提案するものである。冒頭に述べたように，教師は忙しい。しかし忙しさによる授業の質の低下は避けなければならない。「主体的・対話的で深い学び」のある授業を未来あるこどもに提供するためにも，今一度，素材と向き合うことの意義を問い，素材の味を感じ取れる教師である必要があろう。

5　本書と既発表論文との関係

本書は，素材の味を引き出すための一助となることをめざし，「素材研究」を研究の主題とし，既発表論文に新たな論考を加え，書籍としてまとめたものである。各章節と既発表論文との関係の詳細は以下のとおりである。

〈本書と既発表論文との関係〉
序――これからの教師と国語科教育に求められること――　→書き下ろし
第１章　国語科重視に至る経緯と本書を貫く研究の主題
1.1　研究の背景と課題――Society5.0 と学習指導要領改訂――
→書き下ろし
1.2　めざすべき学びの姿と主体的・対話的で深い学びの構築
→2014 年度「学びのグレードアップ総合推進事業」（伊勢市教育研究所）における小学校の校内研修以降，2019 年に至るまでの講演用の私家版冊子を土台に論文として再編したもの。
1.3　社会人基礎力からみた国語科教育に求められること
→「社会人に求められる力の観点から国語教育に求められることを考える――平成 29 年告示学習指導要領を基盤として――」『皇學館大学教育学部研究報告集』第 10 号，79－93 を加筆・修正。
1.4　古典授業に対する課題と今後への期待

→「古典授業の現状における問題点とその改善策を考える――日本の伝統文化を世界に発信するために――」『同朋文化』第38巻5号，129－152を加筆・修正。

1.5　本章の小括及び本書を貫く研究課題について

→書き下ろし

第２章　良質な素材を有用性のある教材に高めるための基礎的研究

2.1　素材と教材の関係性

→書き下ろし

2.2　児童・生徒の記憶に残る国語科教材

→「児童・生徒の記憶に残る教材について――学生に対するアンケート調査をもとに――」『解釈（五・六月号 特集 国語教育)』第57巻第5・6号，20－28を加筆・修正。

2.3　素材研究の土台となる素材の解釈の具体的方法

→「素材から教材への転換の必要性――よりよい国語の授業構築のための基礎研究――」『皇學館大学教育学部研究報告集』第6号，131－147を大幅改稿。

2.4　本章の小括及び素材研究の位置付けと重要度

→書き下ろし

第３章　国語教育学の領域における素材研究――言語・読解・本文異同・古典文法――

3.1　言語学習を進めるための基本的考え方

→教員免許更新講習（2015年度－2019年度）用資料集掲載「ことば教育の充実をめざして」を土台に論考化したもの。

3.2　体験を伴った語句の増加の必要性に関する一考察――読み取り力向上のために――

→書き下ろし

3.3　「対立・変化」と思考活動の起点の組み合わせによる物語読解構造の類型化――類型を活用した対話的学習の実現への試論――

→書き下ろし

3.4　本文異同を活用した教材の実践的研究

→「草稿と定稿の本文異同を生かした深い学びを得るための発問――ごんぎつねの場合――」『皇學館大学教育学部学術研究論集』第1号，57－65を加筆・修正。

3.5　「強意」の語句に注目した心情変化の読み取り――『伊勢物語』「東下り」の段について――

→「強意の助詞に着目した『伊勢物語』「東下り」の学習過程」『解釈（五・六月号 特集 国語教育）』第60巻第5・6号，15－20を加筆・修正。

第4章　他領域の研究成果を活用した素材研究――脚本・認知行動療法・テキストマイニング・和歌文学研究――

4.1　「ト書き」に着目した小学校国語科物語教材の授業――朗読のための文章読解と発問について――

→「「ト書き」に注目した小学校国語科物語の授業――朗読のための文章読解と発問――」『同朋文化』第13号，31－52を加筆・修正。

4.2　認知行動療法の考え方を応用した素材分析①――演じ聞かせのための絵本分析の場合――

→「興味付けのための読み聞かせ絵本の分析――認知行動療法理論の応用――」『日本乳幼児教育学会第28回大会研究発表論集』第28巻，332－333を大幅改稿。

4.3　認知行動療法の考え方を応用した素材分析②――小学校物語教材の分析と発問づくり――

→書き下ろし

4.4　テキストマイニングを活用した教材分析の試み――可視化による読みの起点設定の可能性――

→書き下ろし

4.5　和歌文学研究の視点と中学校和歌授業の接点――主体的学びを促すための基礎的研究――

→「和歌文学研究を中学校国語科和歌教材授業に活かすための

基礎的研究」『同朋文化』第 12 号，113－131 を加筆・修正。

結び――素材研究の全体像と素材と向き合うことの意義――　→書き下ろし

〈直接引用文献〉

高橋喜代治（2017）「国語の「深い学び」と言葉による見方・考え方：説明的文章の三読法の指導過程による授業を例に」『教職研究（立教大学）』第 31 号，39－47.

文部科学省（2016）「チームとしての学校の在り方と今後の改善方策について」（答申素案）https：//www.mext.go.jp/b_menu/shingi/chukyo/chukyo3/siryo/attach/1365408.htm（2020 年 2 月 10 日確認）

目　　次

国語科教材研究の起点
――素材と向き合うことの意義と視点――

第1章
国語科重視に至る経緯と本書を貫く研究の主題

Society 5.0（超スマート社会）という革新的・先進的時代を迎えるにあたり，中央教育審議会は，次世代を担うこどもは何を学ぶべきか，どのような能力を持つべきか，何ができるようになるべきかを徹底的に議論し，『論点整理』としてまとめた。それを土台に，平成29年3月に各課程の学習指導要領を作成，告示した。学校での学びを体系的に考える「カリキュラムマネジメント」や小・中・高等学校の教科指導における学びの姿勢として「主体的・対話的で深い学び」が示されるなど，新たな時代を生き抜く力を身につけるための学習体系の見直しや，自ら考え・他者とともに学ぶ姿勢がこれまで以上に求められることとなった。

様々な改訂のポイントがある中で特筆すべきは，国語科が全教科の要と位置付けられ，社会で生き抜くための重要な基礎的能力である言語活動の充実が重視されたことである。Society 5.0時代であっても，人と人をつなぐことのみならず，人と物をつなぐため，自己と対話し，論理的・創造的に考え，それを発信するためには，媒介としての言語（ことば）が必要かつ重要であることを再認識した結果に他ならない。

ただ，国語科の役割は，社会に直結する教育に限定されない。小学校学習指導要領（平成29年）〈第1節 国語，第2 各学年の目標及び内容，各学年の2 内容（3)〉に，「我が国の言語文化に関する次の事項を身に付けることができるよう指導する。」(p.12）とあるように，書写及び古典分野の指導も示され，この分野の必要性を明らかにするための研究も重要となる。

以上のことを踏まえ，本章では，① Society 5.0 と学習指導要領の関係を整理した上で学習の要とされる国語科に課せられた役割を整理すること，②学びの姿として提唱された「主体的・対話的で深い学び」の視覚的イメージ化をした上で教師が意識すべき考え方を提案すること，③社会人基礎力の育成を意識した国語科教育の構築も重要であること，④古典教育に対する学生の意識と古典文学作品の現代的役割があることの 4 点について論じた上で，そこから導き出される本書を貫く研究主題と研究課題を示すこととする。

1.1　研究の背景と課題
――Society 5.0 と学習指導要領改訂――

〔本節のキーワード〕
Society 5.0，科学技術，科学技術基本計画，学習指導要領改訂，新たな価値，言語活動，言語環境，全教科の要としての国語

1.1.1　学校教育における人材育成に対する文部科学省の基本姿勢

小学校課程の学習指導要領（平成 29 年）に「論理的思考」，「プログラミング教育の実施」や「英語の教科化」が示された。これは，AI，IoT，ビッグデータ全盛の時代に備え，国策として「子どもが科学技術に親しみ，学ぶことができる環境や科学技術に才能を有する子どもを見出し伸ばすことができる環境を提供するため，理数学習の充実に努め」（文部科学省，2011），国際的に活躍できる科学技術人材の育成をめざしていることの表れのひとつといえる。このことを踏まえ，学校教育段階における科学技術人材育成支援として，スーパーサイエンスハイスクール（SSH），グローバルサイエンスキャンパス（GSC），ジュニアドクター育成塾の設定や，国際科学技術コンテスト，科学の甲子園の開催など具体的支援事業をすでに展開しているのである。

つまり，今回の学習指導要領改訂の根幹をなすものは，論理的・プログラミング的思考と技術を持ち，日本語のみならず英語をも駆使しながら国際的に活躍できる人材の育成なのである。

1.1.2　Society 5.0 を背景とした学習指導要領の改訂

この人材育成の向かう先を象徴することばが，Society 5.0 である。平成 28 年 1 月 22 日に閣議決定された「科学技術基本計画」に「世界に先駆けた「超スマート社会」の実現（Society 5.0）」と示されて以降，教育の世界においても Society 5.0 の用語をよく聞くようになった。「科学技術基本計画」は，科学技術基本法に基づいて策定されるこの先 10 年の未来を見据えた日本における科学技術振興計画である。内閣府（2019）によると，Society 5.0 とは

「サイバー空間（仮想空間）とフィジカル空間（現実空間）を高度に融合させたシステムにより，経済発展と社会的課題の解決を両立する，人間中心の社会（Society）」のことであり，「狩猟社会（Society 1.0），農耕社会（Society 2.0），工業社会（Society 3.0），情報社会（Society 4.0）」に続く「超スマート社会」をさし，Society 5.0 で実現する社会として以下の説明をする。以下，引用文中の下線は引用者による。

> これまでの情報社会（Society 4.0）では知識や情報が共有されず，分野横断的な連携が不十分であるという問題がありました。人が行う能力に限界があるため，あふれる情報から必要な情報を見つけて分析する作業が負担であったり，年齢や障害などによる労働や行動範囲に制約がありました。
> また，少子高齢化や地方の過疎化などの課題に対して様々な制約があり，十分に対応することが困難でした。
> Society 5.0 で実現する社会は，IoT（Internet of Things）で全ての人とモノがつながり，様々な知識や情報が共有され，今までにない新たな価値を生み出すことで，これらの課題や困難を克服します。また，人工知能（AI）により，必要な情報が必要な時に提供されるようになり，ロボットや自動走行車などの技術で，少子高齢化，地方の過疎化，貧富の格差などの課題が克服されます。社会の変革（イノベーション）を通じて，これまでの閉塞感を打破し，希望の持てる社会，世代を超えて互いに尊重し合あえる社会，一人一人が快適で活躍できる社会となります。

下線部から現状の社会における問題点とその解決のための提言を読み取ることができる。

【問題点】①分野横断的な連携の不十分さ
②人の手によるデータ処理能力には限界がある
③年齢や障害などによる労働や行動範囲の制約
④少子高齢化や地方の過疎化

【提　言】⑤人とモノをIoTによってつなげ，様々な知識や情報を共有する
⑥新たな価値を生み出すことが重要
⑦人工知能（AI）の活用
⑧閉塞感を打破し希望の持てる社会の構築
⑨世代を超えて互いに尊重し合える社会の構築
⑩一人一人が快適で活躍できる社会の構築

①〜⑩の問題点及び提言は，学習指導要領（平成29年）改訂に影響を与えた。小学校学習指導要領解説総則編（平成29年，以下「解説総則」）に示された改訂の経緯には，次の記述がある。以下，引用文中の二重下線は引用者による。

> 今の子供たちやこれから誕生する子供たちが，成人して社会で活躍する頃には，我が国は厳しい挑戦の時代を迎えていると予想される。生産年齢人口の減少，グローバル化の進展や絶え間ない技術革新等により，社会構造や雇用環境は大きく，また急速に変化しており，予測が困難な時代となっている。また，急激な少子高齢化が進む中で成熟社会を迎えた我が国にあっては，一人一人が持続可能な社会の担い手として，その多様性を原動力とし，質的な豊かさを伴った個人と社会の成長につながる新たな価値を生み出していくことが期待される。
>
> こうした変化の一つとして，人工知能（AI）の飛躍的な進化を挙げることができる。人工知能が自ら知識を概念的に理解し，思考し始めているとも言われ，雇用の在り方や学校において獲得する知識の意味にも大きな変化をもたらすのではないかとの予測も示されている。（p.1）

二重下線で示したものは，解説総則「改訂の経緯」に示された社会における現状の問題点とその解決の糸口である。これを先ほど示した内閣府（2019）に示された問題点と提言とを照らし合わせてみると次のようになる。

1）生産年齢人口の減少…③・④
2）絶え間ない技術革新…⑤・⑦
3）社会構造や雇用環境は大きく，また急速に変化…⑧・⑨・⑩
4）一人一人が持続可能な社会の担い手…⑩
5）新たな価値を生み出していく…⑥
6）人工知能（AI）の飛躍的な進化…①・②・⑦
7）雇用の在り方……にも大きな変化をもたらす…③

このように，学習指導要領（平成29年）は，その改訂に際しSociety 5.0の基本理念を土台とし，真の科学技術立国をめざすための新たな科学技術や技術革新の担い手の育成と新たな価値の創造を目的としたものといえる。

1.1.3　国語科を重視した学習指導要領改訂

とはいえ，学校教育は技術者やクリエーターの養成を専らとするものではない。先に示した解説総則に示された「改訂の経緯」には続きがある。

> 人工知能がどれだけ進化し思考できるようになったとしても，その思考の目的を与えたり，目的のよさ・正しさ・美しさを判断したりできるのは人間の最も大きな強みであるということの再認識につながっている。（p.1）

つまり，技術革新によるAIやIoTなどの技術が誕生・発展しても，それを扱うのは人間であり，思考すること・判断することこそ育成すべき力だというのである。この状況の下，国語科には重要な役割が与えられることとなった。

小学校学習指導要領（平成29年）〈第3 教育課程の実施と学習評価，1 主体的・対話的で深い学びの実現に向けた授業改善〉（pp.24－25）には，以下の記述がある。以下，引用文中の下線及び通番①～⑦は引用者による。

（1）［……］各教科等において身に付けた知識及び技能を活用したり，思考力，判断力，①<u>表現力</u>等や学びに向かう力，人間性等を発揮させたりして，学習の対象となる物事を捉え思考することにより，各教科等の特質に応じた物事を捉える視点や考え方（以下「見方・考え方」という。）が鍛えられていくことに留意し，児童が各教科等の特質に応じた見方・考え方を働かせながら，知識を相互に関連付けてより深く理解したり，情報を精査して考えを形成したり，問題を見いだして解決策を考えたり，思いや考えを基に創造したりすることに向かう過程を重視した学習の充実を図ること。

(2) 言語能力の育成を図るため，各学校において必要な②言語環境を整えるとともに，③国語科を要としつつ各教科等の特質に応じて，児童の④言語活動を充実すること。

(7) ⑤学校図書館を計画的に利用しその機能の活用を図り，児童の主体的・対話的で深い学びの実現に向けた授業改善に生かすとともに，児童の自主的，自発的な学習活動や⑥読書活動を充実すること。また，⑦地域の図書館や博物館，美術館，劇場，音楽堂等の施設の活用を積極的に図り，資料を活用した情報の収集や鑑賞等の学習活動を充実すること。

ここに示した①～⑦のように，国語科に関連する記述が散見される。「③国語科を要とし」の文言からもわかるように，国語科を核とし全教科で，「②言語環境を整え」，「④言語活動を充実」させることで「①表現力」を高めるとともに，「⑤学校図書館」や「⑦地域の図書館」の利用を促進し，自主的・主体的「⑥読書活動」へと発展させることが今後の教育活動において重視されている。つまり，Society 5.0 全盛期に備え，論理的・プログラミング的思考と技術を持った国際人の育成の土台には「言語能力の向上」が欠かせないというのである。

国語科教育の核をなすものは「言語」である。Society 5.0 の時代に生きるこどもに対し，学校教育で論理的・プログラミング的思考を育み，創造的教育活動を構築・提供するための基礎的・汎用的言語力の育成を担うという点で，国語科教育の役割は大きいのである。

1.2 めざすべき学びの姿と主体的・対話的で深い学びの構築

〔本節のキーワード〕
主体的・対話的で深い学び，ジョハリの窓，視覚化，目的重視，目標達成－手段型，目的意識－目標設定型

1.2.1 めざすべき学びの姿

中央教育審議会初等中等教育分科会教育課程部会教育課程企画特別部会は，学習指導要領改訂の指針となる論点整理（報告書）をまとめた。その議論の段階から学習者が能動的に学ぶアクティブラーニングを導入することこそ授業の質的改善には不可欠とし，その結果を受けて学習指導要領（平成 29 年）には「主体的・対話的で深い学び」という能動的な学びの姿が示された。

一般的に「主体的」とは自ら進んで学ぶこと，「対話的」とは他者と共に学ぶこと，「深い学び」とは得た知識と他の知識や現象とを関連付けて生活に具体的に運用する力を得ることと解されるが，文部科学省（2017）には，その捉え方について以下のように説明している（p.22）。

【主体的な学び】
　学ぶことに興味や関心を持ち，自己のキャリア形成の方向性と関連付けながら，見通しを持って粘り強く取り組み，自己の学習活動を振り返って次につなげること。
【対話的な学び】
　子供同士の協働，教職員や地域の人との対話，先哲の考え方を手掛かりに考えること等を通じ，自己の考えを広げ深めること。
【深い学び】
　習得・活用・探究という学びの過程の中で，各教科等の特質に応じた「見方・考え方」を働かせながら，知識を相互に関連付けてより深く理解したり，情報を精査して考えを形成したり，問題を見いだして

解決策を考えたり，思いや考えを基に創造したりすることに向かうこと。

ここから「主体的・対話的で深い学び」の行き着く先は，「次につなげる」，「考えを広げ深める」ことを意識した学習活動を通して，「より深く理解したり，考えを形成したり，解決策を考えたり，創造したり」することである。

つまり，知識をいかに増やすかということではなく，知識と知識を関連付けて構造化・一体化した知識をもとに，課題を解決したり，新たなものを創造したりするための学習活動が強く求められるのである。その活動の提供のためには，まずこどもが楽しく学ぶことができる学習環境と興味を持てる学習テーマの設定と有用な教材の設定が必要となる。

1.2.2 「主体的・対話的で深い学び」の視覚的イメージ

ここでは本節の中心となる「主体的」，「対話的」，「深い学び」の関係性について「ジョハリの窓」の応用によるイメージ化を図り，それを用いて「主体的・対話的で深い学び」とはどのような学びかを改めて考えてみたい。

「ジョハリの窓」とは，サンフランシスコ州立大学の心理学者であったジョセフ・ルフト（Joseph Luft）とハリー・インガム（Harry Ingham）が発表した「対人関係における気づきのグラフモデル」であり，コミュニケーションを図ることで円滑な人間関係を構築するために，自己と他者はどのように関わるべきかをイメージ化した対人関係モデルである。「ジョハリの窓」の特徴は，図表1に示したように「自己理解」と「他者理解」を表すための2軸を設定し，「知っている（理解している）⇔知らない（理解していない）」の評価尺度を置くことで，自己開示と他者受容の状態を視覚化した点である。

自分の想いや考えを他者に伝えること（自己開示）ができれば秘密の窓が開き，できなければ閉じる。他人の想いや考えを受け入れること（他者受容）ができれば盲点の窓が開き，できなければ閉じる。とても単純な構造ではあるが，自己と他者の認識のズレを知る指標として優れたモデルといえる。

特に注目すべきは，自己開示と他者受容が同時に進み，開放の窓が開いていくことで，これまでにないより強固な人間関係が形成され，新たな人間関

図表1　ジョハリの窓

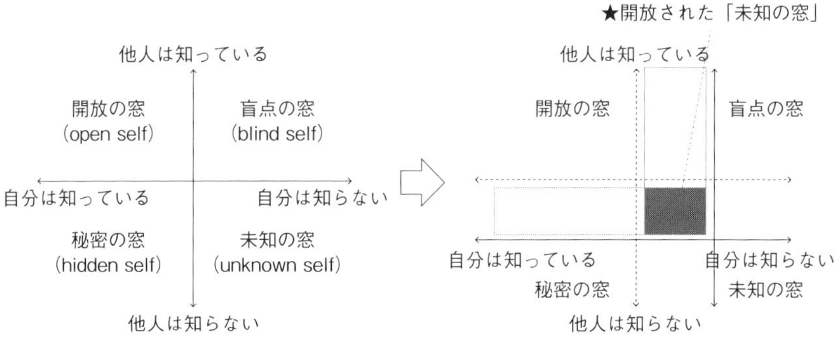

係が創造されることで未知の窓が開いていくという考え方である。

この「ジョハリの窓」に示された「開放」「秘密」「盲点」「未知」の4つの窓を，以下の示すように「主体的」「対話的」「深い学び」に置き換えると，どのような学習環境を提供すべきかを考えるためのヒントを得ることができる。

〈置き換え〉

秘密の窓を開く＝主体的（自分の考えを自ら進んで他者に伝える）
盲点の窓を開く＝対話的(他者の意見を受け入れ自身の意見と比べる)
未知の窓を開く＝深い学び（自身の意見と他者の意見とを比べ，検討することで，新たな創造へとつなげる）

例えば，ペアによる話し合いの場合，自分の内面に意見を持ち他者に伝えることは主体的活動であるが，他者の意見を聞くあるいは聞き入れる態度を示さなければ，一方的伝達は成立するものの対話は生まれない。当然対話を踏まえた深い学びは得られない。これは，グループワークや教室全体によるディスカッションも同様の構造である。

つまり「主体的・対話的で深い学び」は，①自身の意見を持つ（秘密の窓を開く・主体的），②他人の意見に耳を傾ける（盲点の窓を開く・対話的），③両者の意見を比べ，④そこに新たな視点や考え方を見いだし，創造し（未知の窓を開く・深い学び)，⑤得た知識や創造したことを次の学習や生活活動につなげる意識を持つ，という①〜⑤の過程を経た学習活動といえるのである。

「ジョハリの窓」を応用し，「主体的」，「対話的」，「深い学び」の関係性のイメージ化を図ることで，「主体的・対話的で深い学び」を視覚的に捉えることができる。この学びの姿の実現には，次の a〜c の要素を持った学習環境の提供も重要となろう。

a 自分の意見を他人に聞いてもらえる（主張しやすい）環境
b 他人の意見をじっくりと聞くことができる（傾聴できる）環境
c 意見を出し合い比較する経験を通して新たな創造へとつながる環境

1.2.3　本研究で想定する「主体的・対話的」「深い学び」の具体的捉え

ここまで，「主体的・対話的で深い学び」についてどう捉えるべきかを考えてきたが，ここでは，「主体的・対話的」に関わる児童と教師との具体的な関わり方と「深い学び」を考える上での概念的指針を示しておきたい。

まず「主体的・対話的」である。このことを先ほど紹介したジョハリの窓を応用した図表２で具体化をする。

まず，「主体的・対話的」に関わる児童と教師の関係について述べる。先にも示したが文部科学省は，対話的な学びを「子供同士の協働，教職員や地域の人との対話」とし，学校教育において，こどもとこどもの関わりのみならず，こどもと教師の関わりの必要性も言及している。このことを踏まえて，図表２において「児童軸」と「先生軸」の２軸を設定し，「(活動や行動，思考を）する⇔（活動や行動，思考を）しない)」の評価尺度を置くことで，児童と教師の関係性を視覚化した。

学びの姿として「主体的・対話的」が重視される以前の学習は，図表２左下「指導（知識・教養の伝達，技能の伝達)」，いわゆる教師主導型の授業がおこなわれてきた。しかし，これからの学びは，図表２右上「主体的対話(情報集約・共有，協働学習)」を中心に，左上「全体対話（情報集約・共有，

図表2　児童と教師との具体的な関わり方

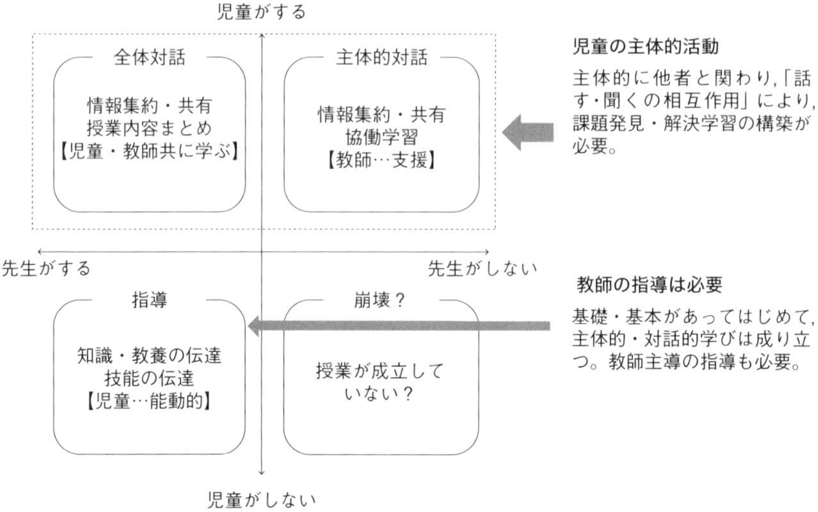

授業内容まとめ)」が重視されるのである。つまり，授業を核として「児童－児童」，「児童－教師」の関わりをいかに作り出していくかが，今後の授業作りの鍵となる。そのためには，児童のみならず教師にとっても興味・関心を寄せることのできる授業課題の設定や授業手法の開発が重要と考えるのである。

ただ，誤解を招かぬよう述べておくが，決して図表2の上段のみに目を向けるといっているわけではない。こどもの立場にたって考えると，いくら興味の持てる課題やおもしろい授業展開であったとしても，問題や課題を解決するための武器（問題・解決学習の土台となる基礎的知識や技能）を持たずに，向かっていくほど無謀なことはない。図表2左下「指導」は「主体的・対話的」学習に欠くことのできないものである。つまり，教師は「解決のための武器をもって問題に向かって主体的に挑む」ことのできるバランスの取れた授業作りを心がけるべきなのである。

次に「深い学び」を考える上での概念的指針についてである。具体的に「これこそ深い学びだ」と示すことは難しいと考える。こどもが持つ知識・教養，

図表３　深い学びの段階とそれに関わるキーワード（試案）

浅

深い学びの段階	キーワード
生活を通して知識や技術を身に付ける（生活体験学習）	身の回りのもの・ことに付随した生活上必要なことば・あいさつ・単語
先人の見いだした理論や知識を学び得る（基礎的学習）	記憶・暗記・文章理解・基本的構造による記述・情報の読み取り
習得した理論や知識，技術を単体で活用（基礎的運用）	文章読解・作者の考えの理解・情報活用・工夫を含んだ記述・説明する
習得した理論や知識，技術を複数組み合わせて活用（応用的運用）	文章と文章の比較・情報と情報の関連付け・根拠を持って論ずる
問題を見いだし理論や知識を駆使した探究活動（問題設定・解決学習）	生活上の問題・問題意識・気づき・問題設定・仮説・検証・独自的見解・論じる

深

経験・体験，思考力・創造力の差によって何が「深い学び」であるかが変わるからである。極端な例でいうと，Ａさんにとって「水１リットル＝1kg」であることは当たり前でも，知らないＢさんにとっては「水１リットル＝1kg」をＡさんとの対話によって知ることで新たな解決手段を手に入れることとなり，Ｂさんにとっては深い学びといえる。このように，突き詰めていくと個々に「深い学び」は違うのである。しかし，授業をする側としては，学校教育の目的を達成するための一定の指針が必要である。

そこで，全教科の核に据えられた言語教育内容を例に「深い学び」の段階化を試みた。その結果が図表３である。

ここに示したものは，客観的根拠に基づいて得られたものではなく，実験的におこなわれている授業や筆者の経験則に基づいた概念的な段階分けとなっている。今後「主体的・対話的で深い学び」を体現した授業実践が本格的に重ねられ，授業観察や指導案収集・分析をおこなうことを通して改訂作業を進める必要がある。このことを承知の上で，今後の「深い学び」の本質を探るためのたたき台としてあえて提示しておくこととする。

文部科学省のめざす「深い学び」の目的は先述のとおり，「知識を相互に関連付けてより深く理解したり，情報を精査して考えを形成したり，問題を見いだして解決策を考えたり，思いや考えを基に創造したりすることに向かうこと。」である。よって，学校教育上の最も深い部分には，問題解決を核とした探究活動を置かなければならない。先ほど示した「水１リットル＝1 kg」を初めて知ったＢさん個人にとっては深いのであろうが，学校教育上の学びに位置付けると「先人の見出した理論や知識を学び得る（基礎的学習）」レベルの浅い学びといえる。このことを踏まえると，教師の立場からは，学校教育上求められる「深い学び」と個人レベルの「深い学び」の２種の「深い学び」があることがわかる。つまり，授業内で個人のレベルに合わせた資質・能力向上とその学年に求められる資質・能力向上の２つの側面があることを意識することが授業構築上の鍵となるのである。

1.2.4 「目標達成－手段型」から「目的意識－目標設定型」への意識改革

平安時代は，「地位や名声を得る，政治の中心にいる，恋愛を成就させる」ためにはどうすべきか，武士の世となった鎌倉時代以降昭和初期までは，「立身出世をする，武芸を修める，名声を得る，商いを成功させる，日々幸せに生きる」ためにはどうすべきか，戦後，高度成長期を迎えて以降は「より良い生活をする，仕事に必要な資格をとる，より高偏差値の大学に入る，高級車やスポーツカーに乗る，夢のマイホームを買う，海外旅行に行く，お金を貯める」ためにはどうすべきか，など自身の人生の到達目標を設定し，その達成のための手段を考えることに力点が置かれてきた。つまり，「目標達成－手段型」の世であった。当然，このことは，学校における授業も同様で，明確な目標設定とその目標を達成するための手段（手立て・方法）をどうすべきかが授業研究の中心であった。

しかし，平成（1990年以降）に入り，その様相が変化してきた。例えば，目標は設定するもののその前提として，「なぜより良い生活をしたいのか，なぜその資格が必要なのか，なぜ大学に入りたいのか，マイホームを手に入れることでどのような未来が待っているのか，何のために海外旅行に行くのか，何のためにお金が必要なのか」のように，目標に至る前提の「目的」をしっかりと考えることが重要だとの認識が広がっていったのである。つまり，「目的意識－目標設定型」の世である。

では，現状の学校教育が，社会と同様の変化をしているのかというと，相変わらず「目標達成－手段型」の従来型によって授業が展開されていると言わざるを得ない。田近（2009）が「今日，教科の「目標」は，教育課程から学習指導の実際までのすべてにおいて論じられている。しかし，その「目標論」を支えているのはどのような「目的論」であるかということを忘れてはならない。」（p.27）とすでに述べるように，目標の前に，その目標に至る目的があったはずであり，世の風潮と同様に，今一度「目的」を重視することが学校教育にも求められよう。

先に示したように学習指導要領改訂に際し，「主体的・対話的で深い学び」を教科指導の核に据えることが求められている。特に「深い学び」とは，得た知識と他の知識や現象とを関連付けて生活に具体的に運用する力であり，他者との関わりの中で未知の窓を開いていくことである。また「深い学び」を得るための前提条件とし対話的学びの場の設定とそのための主体的学びが必要となる。より主体的学びを促すためには，何よりも児童・生徒自身の「目的意識」が重要であることは明らかであろう。つまり，何のために学ぶのかという明確な目的意識を持つ（教師が持たせる）ことで，初めて「主体的・対話的で深い学び」が成立するのである。

唐突ではあるが，カーナビゲーションシステムは，自分の行きたい場所を「目的地」として設定する。そして走り始めると，「次の信号を左です」，「5km以上道なりです」，「次の信号を右です」，画像では目印となるコンビニエンスストアや飲食店，郵便局や銀行など目印（目標）が示され，その目印をすべて経て初めて最終到達地点（＝「目的地」）に着く。これと同様に，深い学びを得るために最も重視すべきは「目的意識」を持つことで，その目的を達成するための目標のいくつかを適切に設定した授業構築が教科指導には求められるのである。つまり，授業において「主体的・対話的で深い学び」を実現するためには，教師の意識を①「目標達成－手段型」から②「目的意識－目標設定型」へと意識的に切り替えることが必要となる。

1.3　社会人基礎力からみた国語科教育に求められること

〔本節のキーワード〕
社会人基礎力，AI 全盛時代，社会情勢と密接に関係，学習指導要領解説総則，小学校学習指導要領解説国語編，心による思考・創造

1.3.1　社会人基礎力と国語科の関係における課題

文部科学省（2017）には，学習指導要領（平成 29 年）の改訂で示された育成すべき資質・能力の 3 つの柱のひとつに「どのように社会・世界と関わり，よりよい人生を送るか（学びに向かう力，人間性等）」（p.15）があり，これまで以上に社会や世界とのつながりを重視した教育が求められていることがわかる。

本節では，今の児童が未来の社会人として活躍するために求められる能力は何かを明らかにするとともに，国語科の位置付け及び今後の小学校国語科教育のあり方を示すことを目的とする。

1.3.2　社会情勢と学習指導要領改訂

小学校及び中学校課程の学習指導要領解説総則編（平成 29 年）〈第 1 章　総説，1　改訂の経緯及び基本方針〉には「改訂の経緯」として，今後想定される社会情勢の変化とそれに応じた教育のあり方が示されている（p.1）。以下，引用文中の下線・波線は引用者による。

○今の子供たちやこれから誕生する子供たちが，成人して社会で活躍する頃には，我が国は厳しい挑戦の時代を迎えていると予想される。

○生産年齢人口の減少，グローバル化の進展や絶え間ない技術革新等により，社会構造や雇用環境は大きく，また急速に変化しており，予測が困難な時代となっている。

○急激な少子高齢化が進む中で成熟社会を迎えた我が国にあっては，一

人一人が持続可能な社会の担い手として，その多様性を原動力とし，質的な豊かさを伴った個人と社会の成長につながる新たな価値を生み出していくことが期待される。

○人工知能（AI）の飛躍的な進化を挙げることができる。人工知能が自ら知識を概念的に理解し，思考し始めているとも言われ，雇用の在り方や学校において獲得する知識の意味にも大きな変化をもたらすのではないかとの予測も示されている。

○人工知能がどれだけ進化し思考できるようになったとしても，その思考の目的を与えたり，目的のよさ・正しさ・美しさを判断したりできるのは人間の最も大きな強みであるということの再認識につながっている。

○このような時代にあって，学校教育には，子供たちが様々な変化に積極的に向き合い，他者と協働して課題を解決していくことや，様々な情報を見極め知識の概念的な理解を実現し情報を再構成するなどして新たな価値につなげていくこと，複雑な状況変化の中で目的を再構築することができるようにすることが求められている。

社会情勢の変化について下線部「厳しい挑戦の時代」，「予測が困難な時代」，「急激な少子高齢化が進む中で成熟社会」，「人工知能（AI）の飛躍的な進化」からわかるように，現代とは大きく異なる革新的な社会変化を予測している。

この変化により波線部に示したように「学校において獲得する知識の意味にも大きな変化」をもたらし，特にAI全盛の時代においては「思考の目的を与えたり，目的のよさ・正しさ・美しさを判断したりできるのは人間の最も大きな強み」であることが説かれ，「新たな価値を生み出」すことが求められている。その際の学びの姿として，その「変化に積極的に向き合い，他者と協働して課題を解決していく」こと，「様々な情報を見極め知識の概念的な理解を実現し情報を再構成する」ことが重要とされる。

このように，社会情勢が学習指導要領改訂における教育指針の決定や教育環境整備に多大なる影響を与え，両者が強固に連動する形で，これからの社会に必要な能力を段階的・継続的に育むことを意図した学習指導要領（平成

29年）が作成されたのである。

1.3.3　社会人に必要な能力とは

社会情勢と強固に連動した学習指導要領（平成29年）をよりよく実行するためには，その土台となる社会人に必要な能力（社会人基礎力）とはどのようなものかを明らかにしておく必要がある。

経済産業省（2010）の調査によると，日本人学生が社会に出て活躍するために必要な能力，及び自社で活躍している若手人材（ハイパフォーマー）が共通して持っている能力要素は，「コミュニケーション能力」，「人柄」，「主体性」，「粘り強さ」，「チームワーク力」，「課題発見力」，「論理的思考力」，「一般常識」，「一般教養」であることがわかる。

また，総務省（2016）の「人工知能（AI）の進化や普及が私たちの生活や仕事にどのような変化や影響をもたらすかを，様々な角度から展望」し，「これらの変化の中で今後どのようなスキルや人材が必要」になるかを課題とし，日本の就労者及び米国の就労者を対象にして調査をした結果（図表4・5）によると，次世代のグローバル社会に生きる社会人に必要な能力として「対人関係能力（コミュニケーション能力・コーチング）」，「業務遂行能力（情報収集能力・課題解決能力・論理的思考）」，「企画発想力・創造性」，「基礎的要素（語学力・理解力・表現力）」，「人間の資質（チャレンジ精神・主体性・行動力・洞察力）」など，人を主体とした論理的思考，他者との共同を主体とした能力が求められると予測している。

経済産業省（2010），総務省（2016）に示された能力を対比的にまとめると図表6となる。

現状求められている能力（Ⅰ）と人工知能（AI）の普及した社会に求められる人材と必要な能力（Ⅱ）との共通項は，①コミュニケーション能力，⑥課題発見・解決能力，⑦論理的思考力，⑪チャレンジ精神・粘り強さ，⑫主体性の5つであり，この5つの能力を核として，A対人関係に関わる②③④，B業務遂行能力に関わる⑤，C企画発想力・創造性，D基礎的要素・一般常識・教養に関わる⑧⑨⑩，E人間の資質に関わる⑬⑭と多岐にわたる能力が，求められていくこととなる。

図表４　人工知能（AI）の普及した社会に求められる人材と必要な能力（有識者）

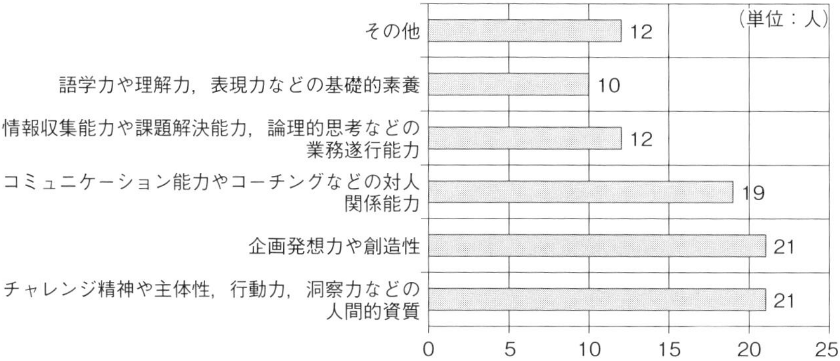

（出所）　総務省「ICTの進化が雇用と働き方に及ぼす影響に関する調査研究」（平成28年）より作成。

図表５　人工知能（AI）の普及した社会に求められる人材と必要な能力（就労者）

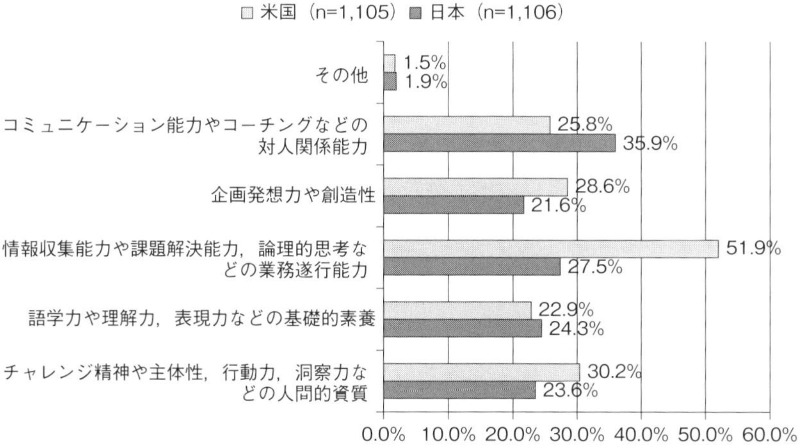

（出所）　総務省「ICTの進化が雇用と働き方に及ぼす影響に関する調査研究」（平成28年）より作成。

1.3.4　未来の社会人に必要な能力の育成の核となった国語科

本節冒頭に述べたように学校教育は社会情勢と密接に関係したものであり，これからの社会に求められる能力の育成を意識した教育が，小学校課程から

図表６　今後の社会に求められる能力

Ⅰ経済産業省（2010）	Ⅱ総務省（2016）
	【A 対人関係能力】
①コミュニケーション能力	①コミュニケーション能力
②人柄	
③チームワーク力	
	④コーチング
	【B 業務遂行能力】
	⑤情報収集能力
⑥課題発見力	⑥課題解決能力
⑦論理的思考力	⑦論理的思考
	【C 企画発想力・創造性】
【D 一般常識・一般教養】	【D 基礎的要素】
	⑧語学力
	⑨理解力
	⑩表現力
	【E 人間の資質】
⑪粘り強さ	⑪チャレンジ精神
⑫主体性	⑫主体性
	⑬行動力
	⑭洞察力

中学・高等学校課程へと段階的・継続的におこなわれるべきである。

この段階的・継続的教育において重視されるのが国語科である。このことについて，小学校及び中学校の学習指導要領解説 総則編（平成29年）〈第3章 教育課程の編成及び実施，第2節 教育課程の編成〉「2 教科等横断的な視点に立った資質・能力」（pp.49－50）は次のように記している。以下，引用文中の下線は引用者による。

(1) 学習の基盤となる資質・能力（第1章第2の2の（1））

言語能力を育成するためには，第1章総則第3の1（2）や各教科等の内容の取扱いに示すとおり，全ての教科等においてそれぞれの特質に応じたア言語活動の充実を図ることが必要であるが，特に言葉を直接の学習対象とする国語科の果たす役割は大きい。今回の改訂に当たっては，中央教育審議会答申においてイ人間が認識した情報を基に思考し，思考したものを表現していく過程に関する分析を踏まえ，創造的・論理的思考の側面，感性・情緒の側面，他者とのコミュニケーションの側面から言語能力とは何かが整理されたことを踏まえ，国語科の目標や内容の見直しを図ったところである。言語能力を支える語彙の段階的な獲得も含め，発達の段階に応じた言語能力の育成が図られるよう，ウ国語科を要としつつ教育課程全体を見渡した組織的・計画的な取組が求められる。

ここで注目すべきは，下線部イの国語科の目標や内容を見直す上で重視した「情報…⑤，表現…⑩，創造的…C，論理的思考…⑦，感性・情緒…⑭，他者とのコミュニケーション…①」の6点である。これらはこれからの社会に必要な能力①～⑭に一致，強い関係性を持っている。つまり，次世代における国語科は，単なる一科目ではなく，下線部ア・ウに示されたように言語教育を基盤とした学校教育全体の核となる科目であると同時に，今後求められる能力の育成の核となる科目ともいえるのである。

1.3.5　小学校学習指導要領解説国語編と社会人に求められる能力の関係

先に示した今後求められる能力①～⑭のうち，国語科との関連が強いと考えられる「①他者とのコミュニケーション」，「⑤情報」，「⑦論理的思考」，「⑩表現」，「⑭感性・情緒」，「C 創造的」の6点について，小学校学習指導要領解説 国語編（平成29年）（p.14）に示された目標と比較すると，図表7となり，「思考力，判断力，表現力等」及び「学びに向かう力，人間性等」に示された目標と一致する。

また，「⑤情報」については，目標として表れていないものの，例えば小学校学習指導要領解説国語編（平成29年）（pp.8－9）に，「情報の扱い方に関する指導の改善・充実」として，次のように記されているものと一致する。

急速に情報化が進展する社会において，様々な媒体の中から必要な情報を取り出したり，情報同士の関係を分かりやすく整理したり，発信したい情報を様々な手段で表現したりすることが求められている。[……]

図表７　小学校学習指導要領解説国語編・目標一覧

	第１学年及び第２学年	第３学年及び第４学年	第５学年及び第６学年
知識及び技能	(1) 日常生活に必要な国語の知識や技能を身に付けるとともに，我が国の言語文化に親しんだり理解したりすることができるようにする。	(1) 日常生活に必要な国語の知識や技能を身に付けるとともに，我が国の言語文化に親しんだり理解したりすることができるようにする。	(1) 日常生活に必要な国語の知識や技能を身に付けるとともに，我が国の言語文化に親しんだり理解したりすることができるようにする。
思考力、判断力、表現力等	(2) ⑦順序立てて考える力や⑭感じたり想像したりする力を養い，日常生活における人との関わりの中で①伝え合う力を高め，自分の思いや考えをもつことができるようにする。	(2) ⑦筋道立てて考える力や⑭豊かに感じたり想像したりする力を養い，日常生活における人との関わりの中で①伝え合う力を高め，自分の思いや考えをまとめることができるようにする。	(2) ⑦筋道立てて考える力や⑭豊かに感じたり想像したりする力を養い，日常生活における人との関わりの中で①伝え合う力を高め，c自分の思いや考えを広げることができるようにする。
学びに向かう力、人間性等	(3) ⑩言葉がもつよさを感じるとともに，楽しんで読書をし，国語を大切にして，思いや考えを①伝え合おうとする態度を養う。	(3) ⑩言葉がもつよさに気付くとともに，幅広く読書をし，国語を大切にして，思いや考えを①伝え合おうとする態度を養う。	(3) ⑩言葉がもつよさを認識するとともに，進んで読書をし，国語を大切にして思いや考えを①伝え合おうとする態度を養う。

話や文章に含まれている情報を取り出して整理したり，その関係を捉えたりすることが，話や文章を正確に理解することにつながり，また，自分のもつ情報を整理して，その関係を分かりやすく明確にすることが，話や文章で適切に表現することにつながるため，このような情報の扱い方に関する「知識及び技能」は国語科において育成すべき重要な資質・能力の一つである。

以上より，国語科がこれからの社会に必要な能力の育成上，重要な科目として位置付けられているのは明らかであり，段階的・継続的学習の初めが小学校課程であることは明確である。

1.3.6　小学校国語科教育に求められること

直近に就職を見据える高校生，大学生であれば，教員は就職も意識した能力育成や授業展開のあり方を想像しやすいが，就職にはほど遠い小学生に対して将来を見据えた授業展開をせよと言われても想像しがたいのが実情であろう。

しかし，ここまで述べてきたように，これからの社会に必要な能力の育成は，小学校段階から具体的に始まっており，国語科はこどもの将来を左右する重要な教科といっても過言ではない。単に漢字の読み書きができる，文章を読んだり書いたりできるというようなレベルのものではなく，こども自身が主体的に将来への目的意識と目標を持ち，図表６に示した社会人に必要な①～⑭の能力を，図表７に示したように国語科教育の中で確実に積み上げてられていくようになるべきである。

その環境や授業時間を提供するためには，これまで以上にこどもの将来を見据えた授業構築が求められる。特に小学校教員は，全教科を担当していることで，国語科を核に「言語」をキーワードとして全教科を有機的につなぐことが可能であることから，社会人に必要な能力を育成するための重要科目であることを重視し未来を担うこどもの将来を見据えた，確実で実効性のある授業を構築することが求められよう。

1.4　古典授業に対する課題と今後への期待

〔本節のキーワード〕
古典教育，言語文化，文化の継承，文化遺産，アンケート，異文化交流，歴史・文化・伝統発信，人間の生き様や英知を知るテキスト

1.4.1　古典教育の現状

これからの社会に必要な能力の育成は国語科の重要な役割であるが，その一方で，文化遺産である古典の継承もまた重要な役割である。小学校学習指導要領（平成29年）〈2 内容〔知識及び技能〕〉「(3) 我が国の言語文化に関する次の事項を身に付けることができるよう指導」に次のように記される。

〔第1学年及び第2学年〕
　ア　昔話や神話・伝承などの読み聞かせを聞くなどして，我が国の伝統的な言語文化に親しむこと。
〔第3学年及び第4学年〕
　ア　易しい文語調の短歌や俳句を音読したり暗唱したりするなどして，言葉の響きやリズムに親しむこと。
〔第5学年及び第6学年〕
　ア　親しみやすい古文や漢文，近代以降の文語調の文章を音読するなどして，言葉の響きやリズムに親しむこと。
　イ　古典について解説した文章を読んだり作品の内容の大体を知ったりすることを通して，昔の人のものの見方や感じ方を知ること。

ここに示したように，小学校課程段階から古典への興味・関心を持たせることは教育の命題である。しかし，裏を返せば，現状に問題があることを物語っている。実際，社会全体の傾向の影響を強く受けたためか生徒は現在志向・未来志向の傾向が強く，中学・高等学校において古典に興味を示さない

という問題が見いだされる。だが，生徒が興味・関心を抱かないからといって古典の授業を一切せず，現代文だけで授業構成をすればいいわけではない。

古典文学作品は，日本及び周辺国の文化・歴史，伝統，生活・風俗・習慣などの人間の営みが描かれており，「人間の営みの宝庫」といえる貴重な歴史資料である。先に示した学習指導要領の目標にも「昔の人のものの見方や感じ方を知ること」とあるように，現代に生きる我々が学ぶべきことは多いのである。また，国際化が叫ばれる昨今，日本文化として外国の方がまず興味を持つのは，例えば，浮世絵などの伝統絵画，能・歌舞伎・狂言などの伝統芸能，十二単などの服飾といった古典に描かれた世界である。文学についてみても，古典文学作品を研究対象とする外国人研究者も多く，古典文学を学びに来る留学生も増えている。古典文学作品は外国語に翻訳がされ，海外で読まれ，日本の古典文学を扱う大学の講義もあるとも聞く。

つまり，真の国際化とは，単にことばを介してコミュニケーションを図るだけでなく，自国の文化をも発信し，互いに認め合うものである。そのためには，まず日本人として我が国の過去，特に古典の世界を知り，海外に発信できるだけの最低限の知識・教養を備えることが必要なのである。

本節では，古典が嫌われ者にならないために，アンケート調査の結果を基に古典授業における目標とそのあり方を探ることを課題とする。

1.4.2　生徒・学生の「古典」の授業の必要性に対する意識

実際に古典の授業を受けてきた生徒・学生（高校生・短大生・大学生）は，古典の授業に対してどのような意識を持っているか探るべく「学校教育における古典の授業に関するアンケート」をおこなった。①調査日・調査対象者，②アンケート内容は次のとおりである。

①調査日・調査対象者

- 調査日：2005年1月10日から30日の間
- 調査対象者：高校3年生（106名），短期大学2回生（29名），大学2〜4年生（14名）

②アンケート内容

1. 小学校における古典教育は必要だと思いますか。

A. 必要　　B. 不必要

＊なぜ，必要，あるいは不必要と思うのですか。(自由記述)

2. 中学校における古典教育は必要だと思いますか。

A. 必要　　B. 不必要

＊なぜ，必要，あるいは不必要と思うのですか。(自由記述)

3. 高等学校における古典教育は必要だと思いますか。

A. 必要　　B. 不必要

＊なぜ，必要，あるいは不必要と思うのですか。(自由記述)

4. 古典文学作品は，我々人間にとって，意味のあるものだと思いますか。

A. 思う　　B. 思わない

＊なぜ，思う，あるいは思わないのですか。(自由記述)

各教育課程における古典教育の必要・不必要に対する結果は，図表8のとおりである。短期大生，大学生に比して，高校生の分母が多いが，高校生の意識をより多く調査することにより，教育現場の現状把握と問題点，さらに今後の課題がより鮮明になると考えたためである。

1.4.3　小学校課程における古典授業実施の鍵

図表8をみると，高校生・短大生は小学校課程からの古典教育の必要性はほぼ感じておらず，古典授業の開始は，中学校からが適当だと考えているようである。

では，なぜ小学校課程からの古典教育は不必要と考えているのであろうか。そこで，アンケート項目「なぜ，必要，あるいは不必要と思うのですか。(自由記述)」に対する小学校課程の結果のいくつかを示し，その背景を探ってみる。

(1) 不必要と考える理由

A．高校や中学では古典のような専門的分野があってほしいけど，小学校

図表８　古典教育の必要性（小学校・中学校・高等学校課程）

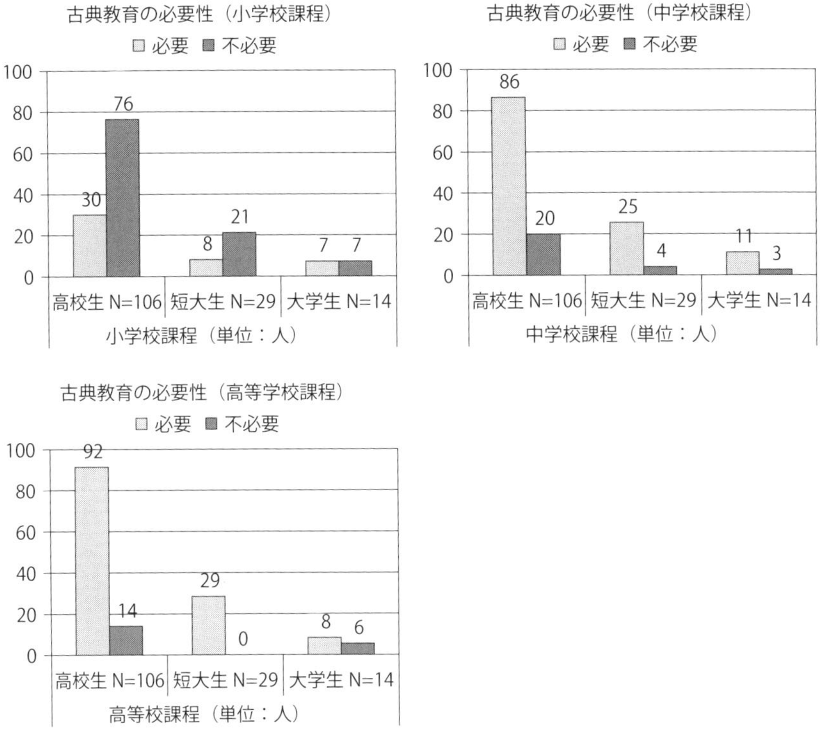

では少し難しいような気がする。（高校生）

B．古典の授業をやるより，英会話の授業を取り入れるべきである。これからの時代は英語を話せないとだめだから。（高校生）

C．小学生には古典の文法は難しいように思えるから。（高校生）

D．まずは古典を学ぶ前に，現代文をしっかりと学んで，きちんとした読み書き，会話ができるようにした方がいいと思うから。（高校生）

E．小学校ではもっと日本語を楽しめるような授業でよいと思う。古典は勉強感が強いから。（短大生）

F．ただでさえ授業数が減っている今，現代の日本語もきちんと話せない人が増えているのに，古典もやったら日本語がよけいにおかしくなる

だろうから。（大学生）

⑵ 必要と考える代表的な理由

a．高校に入って初めて古典を学ぶよりも，小学生のうちに簡単な語句や用法を学んでおけば，早く古典に馴染めるから。（高校生）

b．実際高校３年間だけでは古典の基礎が身についていないと思うので，小さい頃から徐々に勉強すれば高校生になってから少しは楽だとおもうから。（高校生）

c．小さい時から古文を勉強させ，興味を持たせたら，高校生になっても楽しく学ぶことができるから。（高校生）

d．少しずつやさしい文から勉強していき，歴史も理解させつつ，話しのおもしろさを伝えるべきだと思うから。（高校生）

e．古文・漢文には大切な教訓や昔の人々の生活が詰まっています。よりよく生きていくためにも，小さい頃から，昔の多くの人の生き様を知っておくのも必要だと思うから。（短大生）

f．小学校時に漢詩や古文のリズムのあるものに触れ，実際に声に出して読むことで日本語の美しさを学ぶことができるから。（大学生）

「⑴ 不必要と考える代表的な理由」として「①小学生に古典は難しい（A・C・E）」，「②小学校課程でまずは現代文の力を付けるべき（C・E・F）」，「③古典より英語の方が将来重要（B）」があるが，「不必要」を選択した104例は，ほぼ①か②のどちらかに属す。つまり，小学生のうちはまず現代のことばの理解が最優先であり，難易度の高い古典は不必要と考えているのである。

ただ，問題は，不必要としている者にとっての「古典」の内容である。その内容は，前掲「不必要」の理由「C．小学生には古典の文法は難しいように思えるから」とあるように，高校課程における「古文」のイメージをもって小学校課程の古典を想定しているのである。高校課程の授業内容を小学生に実施しても難しく理解できないのは当然であろう。

では，小学校課程においてどのような古典授業が可能であろうか。その可能性は「⑵ 必要と考える代表的な理由」から推察できる。

その意見の中に，「d. 少しずつやさしい文から勉強していき，歴史も理解させつつ，話しのおもしろさを伝えるべきだと思う」というものがあるが，必要とする全データを見渡しても「話しのおもしろさを伝える」，「歴史を学ぶ」というものが散見できる。また，「a. 高校に入って初めて古典を学ぶよりも，小学生のうちに簡単な語句や用法を学んでおけば，早く古典に馴染めるから」というような「やさしい文章で小さい頃から慣れていく」というものも散見される。さらに「f. 小学校時に漢詩や古文のリズムのあるものに触れ，実際に声に出して読むことで日本語の美しさを学ぶことができるから」とあるように，日本語，特に古典独特のリズムに触れることも重視している。

これらの指摘から，古典に「慣れる」，古典から「知る」，古典の「リズムを感じる」，古典を「楽しみ，味わう」ことが，児童への興味づけの要素であり，小学校における古典授業構築の鍵となることがわかる。

1.4.4 中学校・高等学校課程に古典授業が必要と考える理由

小学校課程における古典授業に関してはどちらかというと否定的であるが，中学校・高校での古典授業は必要だと考えている生徒・学生が多いのはなぜであろうか。中学校・高校で古典授業が必要とした生徒・学生の自由記述欄に記された理由をもとに分類した結果（上位のもののみ示す）から考察してみたい。

(1) 中学校課程の古典授業の必要と考える理由

a．小学生よりも知識が増え，古典も理解できるようになっているから。

b．高校でより理解するための基礎的知識を学ぶにはいい時期だから。

c．感受性が強い年齢だから，古典の内容から人間を知り，豊かな心を育てるにはいい時期だから。

d．高校受験に必要だから

(2) 高校課程の古典授業の必要と考える理由

e．大学受験に必要だから

f．高校生の時期は様々なものに触れ，様々なことを知る時期だから。

g．高校はある程度専門的なことを学ぶ場所だから。
h．一般教養として知っておく必要があるから。

中学校課程においては，年齢的・時期的理由が多く，受験のためという意見は少ない。それに対して高校課程においては，受験のためという意見が圧倒的に多く，古典に親しむことを通して過去の日本を知るという意見は少ない。このことから，中学校では教養的な古典としての必要性を，高校課程では受験科目のひとつとしての必要性を感じているようである。

同じ必要と感じているのではあるが，その質は大きく違う。特に気になることは，高校課程における古典の位置付けである。内容を味わうのではなく，受験科目としての必要性を感じている人が多く，受験に必要のない人，興味のない人の多くは古典授業の必要ではないと考えているのである。

1.4.5　アンケート項目３と４にみる結果のねじれ

高校課程では受験科目のひとつとして古典授業が位置付けられる傾向にあることがデータからわかったが，それとアンケート項目4「古典文学作品は，我々人間にとって，意味のあるものか」のデータの結果にねじれがあるように思われるため，このことについて指摘しておきたい。

質問項目「古典文学作品は，我々人間にとって，意味のあるものか」に対する回答の集計が，図表9「古典文学作品の存在意味はあると思うか」である。これによると，大半の生徒・学生が，古典文学作品は我々にとって意味あるものと捉えている。

その存在理由として自由記述欄には次のような具体的指摘が示されている。

a．昔の話や事実を学ぶことによって，今と昔の相違点に気付き，歴史の流れもわかり，伝統等にも触れることができるので，とても大切で意味あるものだと思う。(高校生)
b．古典作品から学ぶことが多いから。(高校生)
c．昔の作品があって今の作品があるし，その時代の背景がうかがえる。昔から学べるものは少なからずあるから。(短大生)

d．過去の人たちが残した遺産なのだから読めば読むほど日本人らしくなれるのではないかと思う。（大学生）

図表９　古典文学作品の存在意味はあると思うか

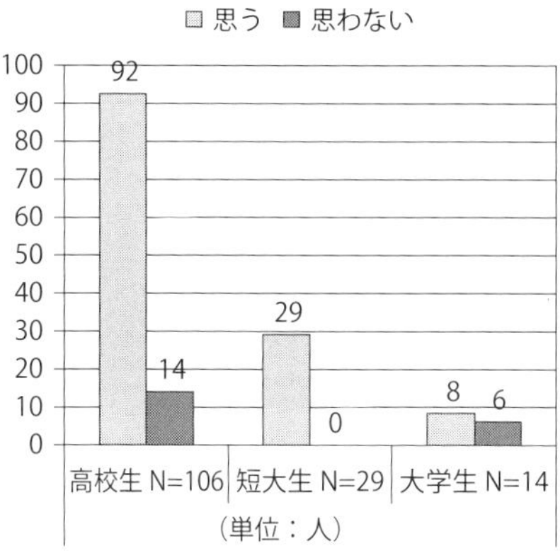

「思う」という全データを見渡すと，我々人間にとっての古典文学作品の存在意義は，伝統の継承の大切さや重要であると指摘している生徒・学生が多数を占めている。

しかし，ほとんどの生徒・学生がこのように感じているにもかかわらず，高校課程では「過去に学ぶ大切さ・重要さ」は求めず，受験科目のひとつとして捉えている。ここに「思いのねじれ」がみてとれる。彼らにとって，古典作品の内容は大切であるという意識はあるものの，高校における古典には馴染めず，あきらめるか，受験科目のひとつとして割り切って学んでいるようである。このようなねじれ現象の起こる原因のひとつとして，文法事項中心とした高校古典授業があげられるであろう。文法事項中心の暗記的，受験対策的授業は，内容の全体把握がしづらく，おもしろみを感じられなくなる上，古典独特のリズムや表現を味わうことが難しくなる。このような状況では，古典は難しく，理解しがたいものとなり，受験に必要なければ，学ばなくてもいい，過去のことなどどうでもいいという発想が生まれるおそれが多分にある。

1.4.6　古典離れから脱却するために

古典の大切さは理解しつつも古典離れが起こっている現状をどうすべきか。アンケート結果や教育現場の現状をもとに，1）段階的・継続的学びの視点，2）各課程における目標設定の視点の２点から，古典離れ脱却の方策を探る。

1）段階的・継続的学びの視点から古典を考える

まず，段階的・継続的学びの視点から考える。

教育現場の現状を見る限り，小学校から高校に至る12年間に古典の積み上げ的授業はおこなわれてはいない。これは，学習指導要領（平成20年告示）自体が古典の授業を積み上げ的，体系的に捉えていないことによる。

また，小学校課程での古典授業の必要性は説かれず，中学校課程においてもそれほど重視されてない，さらに以前の時代劇が当たり前に放送されていた時代，周囲に古典的な情報が一定程度あった時代に比べて，古典的なものに触れる機会が減少したことも相まって，興味・関心不足になり，基本的知識も持たないことから，若年層の古典軽視・古典離れが起こっていると考えられる。

では，小・中・高全体として「古典」の授業をどう捉えればよいのであろうか。この問題を解く鍵は，先に示した「古典文学作品は，我々人間にとって，意味のあるものか」に対するa～dに示した自由記述欄の記述である。

まず，問題を解く鍵は「a. 今と昔の相違点に気付き，歴史の流れもわかり，伝統等にも触れる」こと，「c. その時代の背景がうかがえる」ことである。つまり，古典文学作品は日本の歴史・文化・伝統・風俗・風習が端的に現れた貴重な資料であり，過去の人間の営みや歴史・文化から人生を学ぶことを目的とし小学校課程から高校課程の12年間を段階的・継続的につなぐものである。

また，「d. 過去の人たちが残した遺産なのだから読めば読むほど日本人らしくなれる」との意見にある「日本人らしさ」は，近年の経営・経済・社会の国際化の流れの中で注目されているもので，世界とつながるための新たな素養ともいえる。この「日本人らしさ」を古典文学作品から学ぶことが，世界とつながるひとつの要素となるという視点を授業に持たせることで，古典に対する興味を喚起できるのではないか。

2）各課程における目標設定の視点から考える

次に，課程ごとに何を目標とすべきかを示しみたい。学習指導要領で古典の方針が特に示されていない小学校課程については，各学年における授業内容のあり方も示す。

①小学校課程

(A) 6年間の目標…＊古典に親しむことにより，過去と現在の違い，特に時代背景・風習の違いなどを知る。

＊日本語の根底に流れる五七調のリズムを知る。

＊古文独特の言い回しを知る。

(B) 各学年における目標と授業内容

a．低学年（1・2年生）

目標…＊昔に親しむ

授業内容…＊絵本・低学年向けマンガ（映像でもよい）などを使用し，「昔」というものを認識させ，今と昔の雰囲気の違いを把握する。

b．中学年（3・4年生）

目標…＊古文作品の存在を知り，時代の流れを知る

授業内容…＊絵本等こども向けに描かれる「桃太郎」「浦島太郎」「金太郎」などをテキストとして使用し，いつの時代からそれらの話があるのかを把握する。その上，1・2年生で認識した「昔」を「歴史」という認識に変える。

c．高学年（5・6年生）

目標…＊古典作品に触れる

授業内容…＊現代語訳された（説話など話の内容がわかりやすく，おもしろい内容）のものをテキストとして，古典の世界を知る。

＊俳句・短歌などの原文を繰り返し音読させ，リズム感を味わう。

＊そこに現れた情景を描いたり，雰囲気を述べたりする。

＊俳句や短歌を実際に作る。

②中学校課程

(A) 3年間の目標…＊古典（古文・漢文）作品と歴史の関係を認識する。

＊古典を読むことにより，我が国の伝統と文化を学ぶことの重要性を認識する。

＊古典を学び日本人として自覚を持ち，国際協調のための一助となる知識を身に付ける。

＊古典に存在する現在不使用言語となっている，あるいは不使用言語になりつつなることばに触れ，使用する使用しないにかかわらず言語の幅を広げ，豊かな言語感覚を身に付ける。

(B) 各学年における目標

a．1年生

目標…＊現代語訳を中心とし，作品に現れる社会・文化・風習と現代のそれとを比較し，相違点を見つける。

b．2年生

目標…＊通史的に日本文学史を扱い，各時代背景と古典文学作品には関係があることを認識する。

＊有名な古典作品（古文なら『徒然草』『方丈記』など）の冒頭部分を暗唱し，独特のリズムを味わう。

c．3年生

目標…＊通史的に日本文学史に触れ，各時代背景と古典文学作品には関係があることを認識する。

＊現代の文法体系と古典の文法体系は違うことを認識する。

＊漢文を通して，中国の「昔」「歴史」を認識する。

＊古典を学ぶことは，日本の国際化における重要な要素であり，また，文化交流の手段ともなることを認識する。

③高等学校課程

(A) 3年間の目標…＊古典を学び日本人として自覚を持ち，国際協調のための一助となる知識を身に付ける。

＊通史的に日本文学史に触れ，各時代背景と古典文学作品にはどういう関係があるのかを具体的に確認する。

＊原文をテキストの中心に，古典（古文・漢文）作品を読むことをとおして，各時代の文化・風習・風俗を明らかにし，現代に生きる我々に何を示唆するのかを考える。

＊漢文を読むことをとおして，中国文化を学び，日本文化との違い，文化の違いを認識する。

(B) 各学年における目標と授業展開

a．1年生

目標…＊古典を読むことをとおして，我が国の伝統と文化を学ぶことの重要性を再確認する。

＊古典を学ぶことは，日本の国際化における重要な要素であり，また，文化交流の手段となることを再確認する。

＊自ら古典作品を読む態度を育てる。

＊中学校で認識した文法体系の違いを簡潔かつ具体的に知り，なぜ文法体系に大きな変化が生まれたかを，作品を通して歴史的に考え，認識する。

b．2年生・3年生

目標…＊古典が日本が世界と関わっていく上で，文化交流の手段となることと，自国の文化を大切にし，継承していくことの重要性を再確認する。

＊国際交流ということを考えた場合，実際どのように古典を扱えばいいかを考え，実習や模擬授業などをおこない実際に運用してみる。

以上が，筆者の提案する課程ごとの目標である。改善の余地はあるものの，全体として古典を歴史・文化と一体化させ，古典の知識が国際化の中で，日本を文化的に発信していく重要な有効な手段であることを認識させるところに主眼を置き，古典授業の目標を提案した。古典は日本の過去の出来事というだけに留まらず，経済・社会・食文化・科学技術とともに，世界が注目するものとなり，日本を世界に発信する，世界とコミュニケーションを図っていく手段のひとつとなることを強調しておきたいのである。

1.4.7　今後の古典教育に期待されること

今後，国際化がさらに進む中で，異文化交流もますます盛んになっていくであろう。その際に重要となることは，互いの国の歴史・文化を・伝統を発信し，認め合うことである。そのためには，当然自国の歴史・文化・伝統を知ることが重要である。特に，江戸時代末期鎖国を解くまでの日本独特の閉鎖的世界に生まれ培われてきた文化は日本を端的に表す純粋なものであり，各時代のその様相や内容を今の時代に伝える古典文学教材は，こどもが自身の内面を見つめる，対外的な関係を構築するための，知識や思考力や創造力を養うための，重要な文化遺産である。そこに凝縮された人間の生き様や英知は，現代に生きる我々に多くの示唆を与えるのである。

1.5　本章の小括及び本書を貫く研究課題について

1.5.1　本章の小括

本章では，社会情勢を反映させ改訂された学習指導要領（平成 29 年）における，国語科教育の重要度と与えられた役割の整理を中心に述べた。以下が各節で述べた内容の概要である。

〈各節の概要〉

1.1　Society 5.0 全盛期に備え，論理的・プログラミング的思考と技術を持った国際人の育成の土台には「言語能力の向上」が欠かせない。「言語」は，論理的・プログラミング的思考を持った創造的教育活動を構築・提供するための基礎的・汎用的能力で，その育成を担うという点で国語科教育の役割は大きい。

1.2　ジョハリの窓の応用から「主体的・対話的で深い学び」の関係を視覚化し，「主体的学び」と「対話的学び」の両方の学びの提供が，「深い学び」（未知の窓を開く）を得ることへとつながること。その学びを実現するためには，教師の意識を「目標達成－手段型」から「目的意識－目標設定型」へと切り替える必要がある。

1.3　社会人に必要な能力の多くは国語や言語との関連が強いことは明らかであり，国語科教育にはこれまで以上にこどもの将来を見据えた授業構築が求められる。特に小学校教員は，全教科を担当することから，こどもの将来を見据え「言語」をキーワードに全教科を有機的につないだ実効性のある授業の構築が求められる。

1.4　古典作品に凝縮された人間の生き様や英知は我々に多くの示唆を

与え，「日本」を考えるきっかけとなり，日本が発信すべき異文化交流の話題ともなる点で，古典教育は必要である。その古典文学教材は，こども自身が内面を見つめる，対外的な関係を構築するための知識や思考力や創造力を養うために重要なものとなる。

各節で論じたことの土台となっているものは平成29年告示の学習指導要領である。学習指導要領は，昭和22年の学校教育法の制定により教育課程が置かれたことに伴い，その基準として刊行されるに至った。この最初の学習指導要領には，例えば社会科に「社会に正しく適応し，その中で望ましい人間関係を実現し，進んで自分たちの属する共同社会を進歩向上させることができるように，社会生活を理解させ，社会的態度や社会的能力を養うこと」や家庭科に「望ましい家族関係の理解と家族の一員としての自覚の下に，家庭生活に必要な技術を修めて生活の向上を図る態度や能力を養うこと」とあるように，身近な生活や社会生活に必要な能力を養うことが明記されている。このように，これまでも次世代を担うこどもが生きていく社会の姿を想定した上での改訂が重ねられてきた。よって，平成29年告示学習指導要領も，社会情勢と学習指導要領が結びつくことは自然なことであるが，その結びつきはこれまでにないほど強いのである。

このことは，文部科学省（2017）が示した「学習指導要領改訂の方向性」（p.12）（図表10）と，経済産業省産産業人材政策室（2018）に示された「人生100年時代の社会人基礎力」の見直しのイメージである「新・社会人基礎力」（図表11）とを比較すれば一目瞭然である。

図表10では「何ができるようになるか・何を学ぶか・どのように学ぶか」を学習の柱とするのに対して，図表11では「どう活躍するか（目的）・どのように学ぶか（組み合わせ）・何を学ぶか（学び）」とある。例えば，学校教育における「何を学ぶか」は「新しい時代に必要となる資質能力を踏まえた（学び）」であるのに対し，社会人基礎力では「学び続けることを学ぶ」，「どのように学ぶか」は主体的・対話的で深い学びの視点から「生きて働く知識・技能の習得など，新しい時代に求められる資質・能力を育成（する）」のに対し，「多様な体験・経験や能力を組み合わせる」とあり，学校教育で求め

図表 10　学習指導要領改訂の方向性

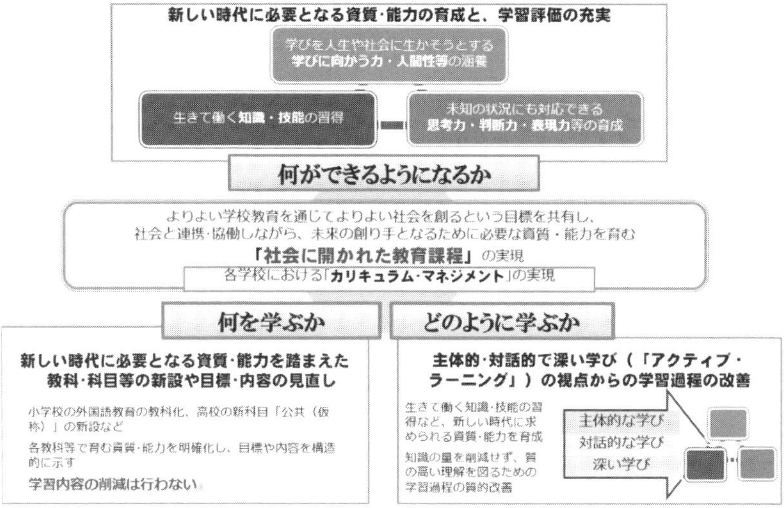

図表 11　新・社会人基礎力

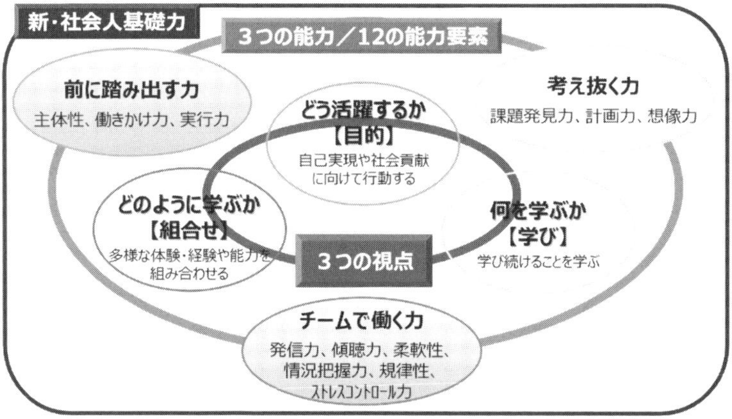

られる 3 つの視点を基礎に，その発展として社会人基礎力の 3 つの視点が設定されていることがわかる。つまり，社会人となったとき，学校教育で身に付けた力（何ができるようになるかに対する答え）を，社会人としてどう活

用して活躍するかというように，学校教育から社会人，そしてその後の生き方までを一貫性を持って想定し，その第一段階として学習指導要領が設定されているのである。

このことを踏まえると，学校課程内での学習効果を期待することと同時に，その学習効果がこどもの将来のための効果ともなることをこれまで以上に教師は意識して学習体系の構築をしなければならないのである。

その学習指導要領において，国語科が全教科の要とされ，さらなる言語活動の充実を求められたことは，授業を構築する上で重く受け止めなければならないことである。

1.5.2　国語科の授業の拠り所は教材である

AI・IoT・ビッグデータに象徴される Society 5.0 時代に求められるプログラミング思考・論理的思考や創造的思考を育むため，また AI に対して「目的を与えたり，目的のよさ・正しさ・美しさを判断したりできるのは人間の最も大きな強みであるということの再認識につな」げるためには，自分の考えや想い，創造したことをアウトプットするための言語，AI に対してアプローチするための言語が必須であることは明らかである。よって，言語活動を核とした思考活動が中心となる国語科教育の存在と役割は大きい。

その国語科教育における言語活動を充実させるために柱とすべきものは教材だと考える。**1.4** で「古典文学教材は，こども自身が内面を見つめる，対外的な関係を構築するための知識や思考力や創造力を養うための重要なもの」と述べたように，古典文学教育をおこなうためには，継承されてきた古典文学教材を欠くことはできない。これは古典分野に限ったことではない。現代文においても有用な教材があるからこそ，言語活動の充実を図り，思考力・想像力を育むことへとつながるのである。つまり，国語科の授業の拠り所は教材なのである。

1.5.3　本書を貫く研究の主題と研究の目的

国語科の授業の拠り所は教材であり，学校教育における教材の中心は，教科書に掲載された説明文・物語文・詩歌等の文章作品群となる。

しかし，大平（1984）の，

> 作品がそのまま教材とはなりにくい。作品が教材と呼ばれるためには，「教材化」の手続きが必要となってくるのである。国語科教育という一つの大きな組織的，系統的な営みの中にあって，その作品をどんな指導目標のもとに，どんな形で，いつ，どのような方法で学習させるのか，学習指導計画にきちんと位置付けられて初めて，教材となり得るのである。（p.73）

との指摘からもわかるように，作品の教材化，つまり，教材研究を経なければ，それら文章群は「良質な素材」で終わってしまうのである。文章の読解・解釈と特徴の分析，教育上の効果，児童・生徒が得ることのできる学び，付けたい知識・能力，発問の設定などの観点による教材研究を経ることで初めて「有用性のある教材」へと高めることができる。教師の教材研究を経ない「良質な素材」ではなく，教師の教材研究を経た「有用性の高い教材」こそ，国語科の授業の拠り所となり得るのである。

そこで，「良質な素材を有用性のある教材へと高める」を研究の主題とし，以下に示した課題を本書における研究の主軸として，教材研究の起点としての素材研究の重要性及び素材分析の視点とその具体的方法に関する研究を進める。

(1) 素材を教材へと高めることの必要性とその基本的方法〈第 2 章〉
(2) 国語教育学研究の視点による素材の教材化の方法〈第 3 章〉
(3) 他分野の研究成果を応用した素材の教材化の方法〈第 4 章〉

その上で，「結び」において，「素材と向き合う意義と視点」として，全体を総括する。

〈直接引用文献〉

大平浩哉（1984）『新しい国語教育の方向と課題』有朋堂.

経済産業省（2010）「大学生の「社会人観」の把握と「社会人基礎力」の認知度向上実証に関する調査（平成 21 年度就職支援体制調査事業）」, 1：社会で活躍するために必要と考える能力要素・1-1-1 社会に出て活躍するために必要だと考える能力要素【対日本人学生・対企業】・1-1-4 自社で活躍している若手人材（ハイパフォーマー）が共通して持っている能力要素【対企業】, 調査結果 https : //selectra.jp/sites/default/files/pdf/201006daigakuseinosyakaijinkannohaakutoninntido.pdf（2020 年 3 月 5 日確認）

経済産業省産業人材政策室（2018）「人生 100 年時代の社会人基礎力について」, 12 https : //www.meti.go.jp/committee/kenkyukai/sansei/jinzairyoku/jinzaizou_wg/pdf/007_06_00.pdf（2020 年 3 月 5 日確認）

総務省（2016）「情報通信白書（平成 28 年）」（第 1 部特集 IoT・ビッグデータ・AI～ネットワークとデータが創造する新たな価値～・第 4 章 ICT の進化と未来の仕事 第 4 節必要とされるスキルの変化と求められる教育・人材育成のあり方）, 254－255. http : //www.soumu.go.jp/johotsusintokei/whitepaper/h28.html（2020年3月5日確認）

田近洵一（2009）「第 2 章　国語科教育実践の基盤　1 国語科教育の目標・学力」全国大学国語教育学会編『国語科教育実践・研究必携』学芸図書, 26－33.

内閣府（2019）「科学技術政策・Society 5.0」https : //www8.cao.go.jp/cstp/society5_0/index.html（2020 年 2 月 29 日確認）

文部科学省（2011）「学校教育段階における科学技術人材育成支援」https : //www.mext.go.jp/a_menu/jinzai/gakkou/index.htm（2020 年 7 月 9 日確認）

文部科学省（2017）「新しい学習指導要領の考え方―中央教育審議会における議論から改訂そして実施へ―」1.2, 22, 1.3, 15, 1.4, 12. https : //www.mext.go.jp/a_menu/shotou/new-cs/__icsFiles/afieldfile/2017/09/28/1396716_1.pdf（2020 年 2 月 29 日確認）

〈主要参考文献〉

総務省（2018）『情報通信白書（平成 30 年版）』「第 1 部　特集　人口減少時代の ICT による持続的成長」https : //www.soumu.go.jp/johotsusintokei/whitepaper/h30.html

教育課程企画特別部会（2015）「論点整理」及び「補足資料（1）～（5）」文部科学省 https : //www.mext.go.jp/b_menu/shingi/chukyo/chukyo3/053/sonota/1361117.htm（2020 年 7 月 10 日確認）

文部科学省（2018）『小学校学習指導要領』東洋館出版.

文部科学省（2018）『小学校学習指導要領解説 国語編』東洋館出版.

第2章
良質な素材を有用性のある教材に高めるための基礎的研究

国語科のみならず，すべての教科指導において重視すべきは，目の前にいる児童・生徒の状況把握（できること・できないこと）と，育成すべき能力の選定，目的・目標の設定と系統的・計画的学習活動を構想すること，つまり教科指導上のマネジメントをすることである。

国語科においてその重視すべきことを実現するためには，前章において「国語科の授業の拠り所となるものは教材である」と述べたとおり，教材の存在が必須となる。

その教材に対する筆者の興味のひとつが，教科書に掲載された教材が児童・生徒の記憶にどの程度残っているかである。当然，教師の展開する授業内容や教師自身のキャラクターもあるであろうが，教科書編集者は単に能力育成のみを意識しているのではなく，児童・生徒に読んでほしい，触れてほしい，学んでほしいと考える作品を選定していることを踏まえると，作品自体が備える面白みや味わいを感じたことにより記憶に残った可能性も多分にあるはずである。

編集者の選定した作品（本研究では「素材」と呼ぶ）を，教師の手によって有用性のある教材へと高めるための教材研究を経ることで，初めて「国語科教育授業の拠り所」となり得るのである。

以上のことを踏まえ，本章では，①素材と教材の関係性を整理すること，②児童・生徒の記憶に残りやすい教材の傾向を捉え，その教材はどのような構成・内容を持ち，どのような授業展開が想定されるのかを整理すること，

③ハンス・ウィルヘルム作・絵「ずうっと，ずっと，大すきだよ」を用い，良質な素材を有用な教材へと高めるための素材研究の視点・基本的な分析方法を示すことの３点の考察を通して，国語科教育教材研究の第一歩として素材研究は欠くことのできない基礎的研究であることを論じたい。

2.1　素材と教材の関係性

〔本節のキーワード〕
素材，価値，教材，有用性，関係性，学習指導要領，指導目標，指導計画，教科書，素材研究，教材分析，基礎作業，応用作業

2.1.1　教材とは

「国語科の授業の拠り所となるものは教材である」と述べた。このことは，塚田（2009）に，

> 授業は，教師・教材（学習材）・学習者の三つの基本的要素がそれぞれに双方向に作用しあうことで成立する。教材・学習材は，授業を成立させる中心的な位置にあることを念頭において…（p.74）

と述べられていることからも明らかなように，従前の授業に対する教材の位置付けの考え方を継承したものである。

本稿の主要キーワードである「教材」とはそもそも何か。その定義として，例えば，次の①～③がある。

①教材とは，教育活動において一定の意図に基づき，教育用の媒体として用いられるすべての文化財を指す。教育目標を達成するために，指導に用いられる文化財と言いかえることもできる。（澤本 2018：p.178）
②教材というのは，教育の具体的な内容をさすものであって，教師からいえば教える内容であり，児童・生徒からいえば学習内容　（塚田 2009：p.74）
③教材とは，教授者が設定した指導目標や指導計画に基づいて用意されるものである。しかも，そこには，その目標や計画に沿った指導内容

が明確に盛り込まれていなければならない　(大内 2009 : p.26)

この①～③の指摘から，教材とは「指導目標や指導計画に基づいて用意される教育用の媒体であり，児童・生徒に教えたい具体的な内容そのものをさし，その目標や計画に沿った指導内容が明確に盛り込まれているもの」だといえる。

また，佐藤 (2012) は「学習指導要領の内容にふさわしい研究授業をしようとした場合，いちばん使用しやすい教材は，教科書教材である。なぜなら教科書は学習指導要領に対応して検定を通っており，学習指導要領の内容を踏まえている。さらに児童・生徒の発達に即して系統的・計画的に教材が配列されており，時代のニーズに応える内容を集めた優れた教材集となっているからである。」(p.36) とすることから，教科指導において教科書教材を重視すべきものだといえる。

2.1.2　本稿における「素材」と「教材」の定義

国語科教育における教材の重要性は明らかであるが，教材という用語に対して，素材という用語がある。その素材と教材については，すでに本書第1章 (1.5.3 本書を貫く研究の主題と研究の目的) に，

> 国語科の授業の拠り所となるものは教材で，学校教育における教材の中心は，教科書に掲載された説明文・物語文・詩歌等の文章群となる。しかし，教材研究を経なければ，残念ながらそれら文章群は「良質な素材」で終わってしまう。

また，本章冒頭に，

> 編集者の選定した作品 (本研究では「素材」と呼ぶ) を，教師の手によって有用性のある教材へと高めること，つまり教師による教材分析を経ることで，初めて「国語科教育授業の拠り所」となる教材になり得るのである。

と述べたように，素材は「教科書に掲載された良質な作品そのもの」を，教材は「素材に対して教材研究を加えることで教科指導のための高い有用性を持った作品」のことをさすのである。

特に教材は，教師側から見ると自身が立てた指導計画を実現するために研究を加えた授業の核となるもの，児童・生徒からすると学びの拠り所となるものだといえる。

2.1.3　素材研究と教材分析の関係性

大平（1984）に，

> 文学作品の場合，作品がそのまま教材であり，作品研究であると理解されがちだが，これは適切ではない。文学的に優れた作品であっても，必ずしも（あるいは非常に多く）教材とはなりにくいものである。[……]作品研究という言葉のほかに，「教材研究」という特別な用語が必要なってくる理由もここにあるわけである。（p.73）

とあり，良質な素材であってもその作品自体の研究をするのみでは学習指導における教材とはなりえないことから，教材研究が必要なのだと指摘している。

国語の授業実践のためには，数々の事前準備が必要となるが，教材研究は欠くことのできない準備である。

塚田（2009）はその準備の柱として「①素材研究，②教材分析，③指導法研究，④反応研究」（p.77）の 4 点を挙げる。本書の研究の主題は「良質な素材を有用性のある教材へと高める」ということから，ここでは，素材研究と教材研究（本稿においては，塚田の「教材分析」を大平の「教材研究」と同義として捉えることとする）の 2 点についてその違いを整理しておきたい。

素材研究について，堀江（2018）は，藤原（1974）論を整理する形で，素材読みとして，

素材読み…①素材の把握，②語義の探索，③文章大意の理解（p.83）

との見解を示す。また，前掲，塚田（2009）は，

教材文の素材としての特質を，表面的・内面的双方から表現特性などに注目して分析する。この研究は，特に教育的な観点や価値を持ち込む前に行う研究と考えるとわかりやすい。

との見解を示す。つまり，素材研究とは，ことばに着目し，その文章の持つ言語的・表現的特性をもとに内容の大意をつかむこと，意図や味わいを知ることといえる。

一方で，教材分析（＝教材研究）については，塚田（2009）が，

素材としての言語資料のもつ様々な言語表現価値の分析（素材研究）を元に，教育の目的や価値，学習者の態度などの観点からその文章が教材としてもっている価値を選択・決定していく研究が教材研究である。（素材研究も教材文の分析を行う点で結果的に重なっていく面があるが，手順として区別することが教材分析の特質を理解しやすい。）（pp.78－79）

との見解を示す。また，田中榮一（1984）は，

児童・生徒の発展をねがった教育的論理（立場）と，文学的言語作品の側に存する論理（立場）といった両者それぞれの，最も妥当なかたちを追求し［……］この両者が最もよく調和したかたちでの実践を志向するというかまえが必要であろう。もちろん完璧というわけにはいかない。しかし教材分析とは，こうした認識に支えられて行われるべきが本来の在り様ではないかと考えるのである。（p.28）

との見解を示す。つまり，教材研究とは，当該教材（素材研究後のテキスト）

を児童・生徒の様態を見極め，どのような能力を育成したいのかという教育的論理（立場）と文学的言語作品の側に存する論理（立場）から分析し，どのような学習効果を教材に求めることができるのかを追究することといえる。

上記の内容を踏まえ，素材研究と教材研究の関係性を整理すると「素材自体（内容）が持つ意図や味わいを明らかにし，その意図や味わいを児童・生徒の知識・能力の育成にどう活かすことができるのかを考える，教材研究中の基礎作業と応用作業の関係」にある。つまり，素材研究は，国語科授業のための準備の第一歩として欠くことのできない基礎的研究なのである。

2.2　児童・生徒の記憶に残る国語科教材

〔本節のキーワード〕

Society 5.0，科学技術，科学技術基本計画，学習指導要領改訂，新たな価値，言語活動，言語環境，全教科の要としての国語

2.2.1　記憶に残る国語科教材の調査

教科書教材は，児童・生徒が新しいことばを覚え運用するための基本事例の提示に留まらず，思考発達，自己形成，他者理解など，多くの学びを提供するものであり，様々な影響を及ぼす。教科書を手掛ける各出版社は，指導要領改訂のたびに文部科学省の指示する教育理念のもと，当該時期の社会状況や時代の風潮にあった新たな教材を取り入れることも含め教材の削除・追加を繰り返し，新陳代謝を図りながら教材を世に送り出してきた。その中にあって，長年にわたり採録され続けている「定番教材」といわれるものが存在し，それは文学作品に多い。しかし定番教材については，以下の疑問が生じる。

・文学研究の立場からの評価と教材としての評価のズレ（採録された作家の他作品の方が，研究的評価が高い場合が多い）
・他にも優れた作家の作品が多くある中，戦後まもなく採録された教材が使い続けられ定番化した理由が不明確
・社会状況や時代の風潮を反映した教育にその内容が対応できているのか

元号が令和となり，時代のニーズも大きく変わった。その中にあって定番教材の再評価が必要であるとともに，児童・生徒にとっての教材とは何か，学習効果が高い教材はどのようなものかを明らかにすることも課題となる。

そこで，本節では，大学生に対しておこなった教材に関するアンケート結

果の分析から，第一の目的を，記憶に残りやすい教材の傾向を捉えること，第二の目的を，学生の記憶に残る教材はどのような構成・内容を持っているのか，どのような授業が展開されることによって記憶に残りやすいのか（想定される展開）を整理することとする。

2.2.2　調査時期・調査対象者・調査内容について

分析対象データは，2009 年 4 月から 6 月にかけ，文系大学（多くは教員養成系大学）在学中の短期大学生及び大学生，計 433 名を対象におこなった絵本の読み聞かせに関するアンケート（千古・中條（2009）に発表済み）に設定した項目のうち，本稿の考察に必要な質問項目「小学校・中学校・高等学校の国語の教科書に載っていた作品で印象に残っているもののタイトルを書いてください。（複数回答可）」のみを抽出したものである。

具体的には，国語科の授業において学んだ教材の内，記憶に残っている教材のタイトルのみを，小学校課程・中学校課程・高等学校課程の学校種別に記入するものであり，その教材内容を覚えているかどうかまでは問うていない。

その回答には，教科書に採録されていないもの，校種を間違って回答しているもの，タイトルを誤って記入しているものなどが散見されたが，修正せずアンケートに記入のままとし，次の A～C の方針に従って集計をおこなった。

A．漢字・かな表記の違いがあっても，同じものと判断できる場合は，同一作品とする。

例）れもん＝レモン＝檸檬

B．表記にゆれがあった場合でも，同じものと判断できる場合は，同一作品とする。

例）ずっとずっと大好きだよ＝ずうっと，ずっと，大すきだよ

C．タイトル表記が違った場合でも，同作品を指すと判断できる場合は，同一作品として扱う。

例）クラムボン＝やまなし・がまくんとかえるくん＝お手紙

2.2.3　各課程における結果分析

アンケート対象者433名の記入したタイトル（複数回答可）を集計したものが，次の図表12である。

以下，図表12を基礎資料として，教育課程ごとの記憶に残る教材の特徴について述べる。

1）小学校課程

記入総数は1116で教材数は96。上位10教材は，①スイミー（242票），②ちいちゃんのかげおくり（128票），③モチモチの木（99票），④ごんぎつね（75票），⑤スーホの白い馬（71票），⑥えいっ！（54票），⑦三年とうげ（49票），⑧くじらぐも（45票），⑨大きなかぶ（33票），⑩ずうっと，ずっと，大すきだよ（24票）。

上位10教材は，すべて文学教材である。11位以下も多くが文学教材で，例えば，光村図書出版の教科書を使用していた場合「ありの行列」や「千年の釘にいどむ」など定番の説明文教材があるものの，その「ありの行列」も4票で上位に位置しない。

小学校課程の特徴は，文学教材が記憶に残る傾向が強く，説明文教材の出現率が低いことである。特に，「スイミー・ちいちゃんのかげおくり・モチモチの木・ごんぎつね・スーホの白い馬」など長年教材として採用されてきた定番の文学教材が上位を占める傾向にある。

2）中学校課程

記入総数は384で教材数は84。上位10教材は，①走れメロス（97票），竹取物語（35票），③注文の多い料理店（25票），④空中ブランコ乗りのキキ（19票），⑤平家物語（12票），⑥枕草子（11票），⑦トロッコ（10票），⑧一五同盟，故郷，春に，羅生門（以上9票）。

上位10教材は，文学教材に加え古典教材（竹取物語・平家物語・枕草子など）が上位に位置し，特に長年教材として採用されてきた「走れメロス」

図表 12　各教育課程における記憶に残る教材のアンケート結果（2 票以上）

小学校課程

タイトル	票数
スイミー	242
ちいちゃんのかげおくり	128
モチモチの木	99
ごんぎつね	75
スーホの白い馬	71
えいっ！	54
三年とうげ	49
くじらぐも	45
大きなかぶ	33
ずうっと，ずっと，だいすきだよ	24
注文の多い料理店	22
一つの花	22
ふきのとう	22
大造じいさんとガン	19
わたしと小鳥と鈴と	18
力太郎	16
お手紙	15
やまなし	14
白いぼうし	9
はなのみち	9
つりばしわたれ	8
おむすびころりん	7
エルマーの冒険	7
たぬきの糸車	6
わらぐつの中の神様	5
ありの行列	4
一本えんぴつの向こうに	4
くまさん	4
走れメロス	4
朝のリレー	3
あらしのよるに	3
きりかぶの赤ちゃん	3
11 本目のポプラ	3
たんぽぽのちえ	3
ガオー	2
先生，あのね	2
ソメコとオニ	2
じどうしゃくらべ	2

中学校課程

タイトル	票数
走れメロス	97
▽竹取物語	35
注文の多い料理店	25
空中ブランコ乗りのキキ	19
▽平家物語	12
▽枕草子	11
トロッコ	10
一五同盟	9
故郷	9
春に	9
羅生門	9
春よ来い	8
朝のリレー	6
葉っぱのフレディー	6
▽奥の細道	5
▽源氏物語	5
少年 H	5
▽徒然草	5
クジラの飲み水	4
サラダ記念日	4
坊ちゃん	4
▽矛盾	4
竜	4
大人になれなかった弟たちへ	3
▽四面楚歌	3
大造じいさんとガン	3
ヤシの実	3
一輪の花	2
オツベルと象	2
▽漁夫の利	2
銀河鉄道の夜	2
くまに会ったらどうするか	2
食感のオノマトペ	2
蝉しぐれ	2
初恋（島崎藤村）	2
ポプラの木	2
やまなし	2

高等学校課程

タイトル	票数
羅生門	219
こころ	164
舞姫	93
山月記	75
檸檬	18
▽源氏物語	17
高瀬舟	11
ミロのヴィーナス（手の変幻）	10
▽竹取物語	9
ひよこの眼	9
七番目の男	8
棒（安部公房）	8
水の東西	8
セメントだるの中の手紙	6
走れメロス	6
坊ちゃん	6
山椒魚	5
マスク	4
マスメディアとは	4
▽土佐日記	4
ナイン	4
▽平家物語	4
▽枕草子	4
▽伊勢物語	3
うさぎ	3
▽大鏡	3
城の崎にて	3
▽方丈記	3
I was born	2
赤い繭	2
伊豆の踊り子	2
鞄	2
カヤック	2
▽徒然草	2
なめとこ山の熊	2
鼻	2
離さない	2
みどりの指	2
無常といふこと	2
▽孟子	2
夢十夜	2

＊表中の「▽」は古典教材を示す

は97票で，2位の「竹取物語」（35票）を圧倒的に上回り，人気を誇っている。

一方，説明文については，「クジラの飲み水」，「食感のオノマトペ」はあるものの，小学校課程と同様に説明文教材が上位に位置する傾向にはない。説明文は文学教材や古典教材に比べ記憶に残りにくい傾向が見て取れる。

また，「大造じいさんとガン」，「やまなし」，「白いぼうし」，「モチモチの木」，「ちいちゃんのかげおくり」などの小学校教材や，「羅生門」，「こころ」，「棒」，「山月記」などの高等学校教材も散見され，記憶のあやふやさを見ることができるが，これは中学校生にとって国語科の授業に対する取り組みの薄さを示す可能性を示唆する結果といえるのではないか。

中学校課程の特徴は，古典教材も含んだ文学教材が記憶に残る傾向が強く，説明文教材の出現率は低いことである。また，小学校・中学校課程の教材も散見する点から，中学生の国語の授業に対する記憶曖昧さや興味の低さが露呈した結果と捉えることもできる。

3）高等学校課程

記入総数は776で教材数は80。上位10教材は，①羅生門（219票），②こころ（164票），③舞姫（93票），④山月記（75票），⑤檸檬（18票），⑥源氏物語（17票），⑦高瀬舟（11票），⑧ミロのヴィーナス（手の変幻）（10票），⑨竹取物語，ひよこの眼（以上，9票）。

上位10教材は，文学教材が上位のほとんどを占め，古典教材（源氏物語・竹取物語）も若干みられる。文学教材については，芥川龍之介「羅生門」（大正4），夏目漱石「こころ」（大正3），森鷗外「舞姫」（明治23），同「高瀬舟」（大正5），中島敦「山月記」（昭和17），梶井基次郎「檸檬」（大正14）と，明治・大正期に活躍した有名近代文豪作家の作品が占めている。これらは，戦後教科書に採録されて以降，現行の各社教科書においても共通して採録されている定番の文学教材である。

一方，論説文である「ミロのヴィーナス（手の変幻）」，「水の東西」，「無常といふこと」もみられるものの，上位に位置することはない。

高等学校課程の特徴は，明治・大正期の文豪の本格小説が記憶に強く残る傾向にあり，論説文の出現率は低いことである。近代小説は，内容も深さや文体も重厚さのみならず，現代の感覚にない一種のノスタルジーを感じたり，実生活と乖離した世界に触れたり，感覚のズレを楽しんだり，人生・人間の生き様を考えさせられたりすること，また，ストーリー展開が絶妙であったりすることなど，生徒を引き込む，惹きつける要素が多分に含まれている点で記憶に残りやすいのではないか。

2.2.4　小学校・中学校・高等学校課程全体を見渡した場合の傾向

全校種で記憶に残っている教材の大半が文学教材であった。特に「スイミー」，「走れメロス」，「羅生門」など長年教科書に採用され続けてきた定番教材が記憶に残る傾向にある。

一方で，教員が多くの時間と労力を費やし，中学・高校・大学入試にも必須である説明・論説文は，児童・生徒の記憶にほとんど残ってはいない。この「物語・小説文と説明・論説文」と「教員の思いと児童・生徒の興味・関心」の間にある大きな隔たりは今後国語の授業をおこなっていく上での問題となる。

また，中学校で教材として設定される古典教材も記憶に残りやすい傾向にある。「竹取物語」「平家物語」「枕草子」「源氏物語」など，一般的に有名な作品が占めている。これら古典教材も長年複数の教科書に採用されてきた定番教材である。

全体的な傾向から考えると，授業者が児童・生徒の記憶に残りやすい教材は，なぜ学生の記憶に残りやすかったのか，またどのような構成や内容を持ち，どのような特徴があるのかといったことを把握した上で，これら教材をどう扱うか，どう工夫するかを詳細に考え授業構成をおこなっていくことが大切である。そうすれば，児童・生徒の読解力，思考力，表現力の他，様々な能力を多角的に養うことが可能となる。

2.2.5　なぜ定番の文学教材が学生の記憶に残っているのか

では，なぜ定番教材を中心とした文学教材が学生の記憶に残ったのであろうか。この問題に対する明確な結論は現在得られていないが，そのことを考えるための糸口として，アンケート対象者と同じ年代の大学生約 20 名に対して，アンケートを集計した結果を示して意見を求めた。

発問は，「なぜ，定番の文学教材が上位を占め，説明・論説文が上位にみられないのか。自身の体験をもとにその理由を考えてください」である。以下は，ディスカッション形式により前掲発問に対して話し合った結果をもとに，ポイントを抽出し，ごく簡潔に示したものである。

⑴なぜ，文学教材が上位を占めているのか

○内容構成が明確で読みやすい
○場面や登場人物にインパクトがある
○主人公がはっきりしている
○登場人物のやりとりがわかりやすい
○気持ちの変化が読み取りやすい
○場面の展開がわかりやすい
○内容に共感できる
○ストーリーが追いやすく読みやすい
○題名が覚えやすい，おもしろい
○非現実的世界に引き込まれる

⑵なぜ，説明・論説文が上位にみられないのか

○内容が難しくて読みきれない
○おもしろくない
○理解できるものはいいが，言いたいことがよくわからないものが多い
○先生が説明したことが全てで，自分の考えを言ってもほとんど通らない
○受験のために機械的に読むことが多く，内容を覚えない
○小学校のときは，物語のほうが楽しく読めた
○小学校で説明文をやった記憶がほとんどない。実際にやってないのではないか
○部活など勉強以外のことが楽しく，特に中学校の国語の授業自体覚え

ていない

学生の意見を見渡すと，説明・論説文が上位にみられない理由は，「理解ができない（児童・生徒にとって難解）」，「機械的作業になりがち」であり，その根底には，内容に興味が持てないということが見て取れる。「先生が説明したことが全てで，自分の考えを言ってもほとんど通らない」という意見は，教員の読みを中心とした内容説明的なものとなっている可能性が示唆される。

それに対して，文学教材は，「内容構成・場面設定・登場人物の設定・場面の展開」が明確なことから，読みやすく内容に入り込みやすいようである。この点が，記憶に残りやすい理由と考えられる。また，「非現実的世界に引き込まれる」いう意見から想像すると，架空の世界・異世界への興味と自身の体験や生活との一致点，不一致点を探りながら同化と乖離を繰り返し，読む楽しさを感じているという点も文学教材が上位を占める理由のひとつと考えられる。

2.2.6　記憶に残りやすい文学教材の構成・内容，基本的な授業展開

学生の意見から，文学教材は明確な構成，内容を持っているようである。そこで，小学校１位の『スイミー』，中学校１位の『走れメロス』をサンプルとし，記憶に残りやすい教材の【構成】【内容】と一般的な【授業展開】を示した上で，学生の意見で導き出されたポイントを文学教材が持っているかを検証する。

例 1）「スイミー」

【構成】

1…さかなの兄弟たちと楽しく暮らすスイミー

2…マグロに襲われ，兄弟を失い，独りぼっちとなったスイミー。

3…海底での様々な出会いを通して，元気を取り戻すスイミー。

4…赤いさかなたちとともに考え，大きなさかなを追い出す良い方法がひらめいたスイミー。

5…赤いさかなたちと協力し,大きなさかなを無事に追い出したスイミー。

【内容】

※主人公「スイミー」の目線で内容展開がなされ，時間の経過とともに場面が展開されており内容を追いやすい。

※別れ，そして新しい出会いという人間が繰り返しておこなう活動が取り入れられている。

※スイミーの成長を中心に据え，その前後の行動や結果の違いが，スイミーの成長に起因することを明確に捉えることができる

※「協力する」ことにより困難を乗り越えるという理解しやすいテーマ。

【授業展開】

○絵本があることを考えると，ペープサートの使用や内容の劇化などの手法を用いての授業展開も考えやすい。

○主人公（スイミー）が明確に固定され，その行動を追っていく形の構成であることから，主人公の気持ちを察することが容易であり，初読の感想や，読後の感想を求めやすい。

例 2)「走れメロス」

【構成】

1…町の異変に気づき，暴君ディオニスに対し怒りが湧き起こるメロス。

2…捕縛され，王と対面，対決する。妹の結婚式をあげたいことを告げ，親友セリヌンティウスを人質として差し出し，刻限までに帰ることを王に約束するメロス。

3…村に帰り，妹との結婚式を執り行うメロス。

4…故郷を発ち，王城へ向かうも，川の氾濫，山賊の襲撃の後，心身衰弱に陥り，あきらめの気持ちが湧くメロス。

5…かすかな水音に目覚め，水を飲み，気力を取り戻し，再び王城に向かって走るメロス（親友のためというより，もっと恐ろしく大きいもののために走っている……）

6…日没間際に到着，約束の時間に間に合い，親友セリヌンティウスと再会する。王は，この光景を見，改心する。裸のメロスに向かい一

人の少女がマントを捧げ，自身の姿に赤面するメロス。

【内容】

※主人公「メロス」の目線で内容展開がなされ，時間の経過とともに場面が展開されており内容を追いやすい。

※文章全体としては，「語り手の視点」「読者の視点」「登場人物それぞれの視点（メロス・ディオニス・セリヌンティウスなど）」，多角的視点から捉えることができることから，それぞれの生徒が何かしらの興味を持ちやすくなっている。

※リズム感がよく，登場人物の動き，息遣い，心情などを躍動的に捉えることができる。

【授業展開のポイント】

○特殊な語句・表現が多く，ことばに興味を持たせる授業展開ができる。

○従来の「信頼・友情」以外に，多様な主題を設定することが可能であることから，授業者の準備次第では，劇化，紙芝居化，一部場面の動作化などの手法を用いた授業展開が可能である。

○「善と悪」という人間が同時的に持っている心情を，自身の経験と照らし合わせ，じっくりと考えさせることが可能であり，今後の人生に大きな示唆を与えることができる。

ここに示した「スイミー」と「走れメロス」から次のことがいえる。

①絶対的な主人公を配置している。
②その主人公の目線で，時間の経過とともに場面展開がなされている。
③心情の変化が読み取りやすい。
④一方で，多角的視点から，登場人物それぞれの心情が絡み合ってくる。
⑤ストーリー展開が明確であることも必要。
⑥非現実的世界に，人間の身体的・心的行動が感じられる。
⑦主人公や構成，時間の経過と場面展開が明確で授業構成がしやすい。

①～⑦のように「内容構成」「場面設定」「登場人物の設定」「場面の展開」

が明確である。文学教材は，明確な主人公が配置され，その主人公に寄り添いながら，場面を追いやすく，時間の経過とともに場面展開されることから，児童・生徒側からは，ストーリーや主人公の変化を捉えやすく，作品に入り込みやすい要因といえる。また，授業者側からも時間の経過をたどりながら授業が展開されることで，内容の展開や心情の変化を捉えやすく，授業構成も明確となる。つまり，記憶に残りやすい文学教材は，内容展開の明確さと授業展開の明確さの両者を兼ね備えた作品だといえる。

2.2.7　今後の課題――記憶に残る文学教材と残らない説明文教材――

学生に対するアンケートの結果，文学教材，特に定番教材といわれるものが記憶に残りやすいことがわかった。特に，高等学校をみると，一時期，教科書から削除されかけていた近代作家の作品は，アンケート結果をみると，必要な作品群であることがわかる。この点から，記憶に残りやすい文学教材を使い，どのような授業を構築すれば，記憶に残るだけでなく，豊かな心情の形成をも含めた能力育成につながるのかを考えることが今後の課題となる。

一方，説明・論説文に対しては興味が薄く，授業が記憶に残るものとはなっていない。現状，説明文の授業は，段落分けがおこなわれ，各段落の内容把握と段落相互の関係を読み解き，作者の主張を理解しまとめるという，どちらかというと授業者主導で進められがちである。この授業方法は，現代の生徒・学生を教えていて感じる論理的思考力の乏しさを考えると，機械的で自身の活動として受け入れがたいのではないか。説明・論説文に興味を持たせ，論理的思考力を養うための授業として再構築することを早急に検討することも重要な課題である。

これら問題を解決するためには，物語文も説明文の授業にどのような教育的要素を込めていけば記憶に残るのか，教材研究を通して有用性のある教材へと高められるのかを検討する必要がある。そのための基礎データとして指導案や実践記録を収集し，それらの分析と比較をすることが解決の糸口となろう。

2.3　素材研究の土台となる素材の解釈の具体的方法

〔本節のキーワード〕
素材，解釈力低下，授業準備，一般的な読者の視点，教師の視点，書き込み，集約，ずうっとずっと大すきだよ，読みの深さ

2.3.1　素材の持つ本来の味を感じさせるための第一歩

松田（2010）は「読み取りに於いては，何と言っても自由といった妙な信仰のもとに，教師の教材解釈力は，その研究心の欠落を伴って，適度で，他人任せとなり，ひいては，生徒にもそれが常識として蔓延し」（p.141）ていると指摘する。この傾向は，その後 10 年を経た今ではますます顕著といえる。国語科教員ですら，教材解釈力低下・研究心欠落以前に必要な一般的読者として小説などを読み味わう時間を持たず，そもそも読書から疎遠となっているのではなかろうか。

しかし，教科書に掲載された良質な素材を有用性のある教材に高めるためには，この現状を打破する必要がある。そのためには作品に対してまずは教師自身が一読者として作品を読み味わうことから始め，その先に教師として解釈・分析をする，つまり，①読者の視点で素材を味わい，②教師の視点から作品の読み込みをするという 2 段階を経た読みをおこなうべきなのである。

①読者として，その作品から何を感じ，何を読み取るか。
②教師として，その作品をどう解釈・理解し，児童・生徒に何を伝えるか，何を教えることができるか。

ここで重要なことは①読者の視点による読みを省かないことである。たしかに②のみでも授業内容を考えることはできるが，教師が読者として素材自体を味わい，その良質さを感じることで，その素材が持つ潜在的な力を引き出し，広がりと深みのある授業を展開することができるのである。①読者の

視点から深く読み込んだ結果を土台とし，教師の視点から徹底的に吟味・考察を加えるという，読者と教師の２つの視点からの「素材研究」をおこなうことは有効であり，授業準備の第一歩として決して欠いてはならない研究活動なのである。

本節は，具体例としてハンス・ウィルヘルム作・絵「ずうっと ずっと だいすきだよ」を用い，素材研究が必要性と良質な素材を有用な教材へと高めるための素材研究の視点・基本的分析方法を示すことを目的とする。

すでに 2.1 で述べたように，教科書掲載作品はそのままでは教材とはいえず，素材研究，教材分析を経て初めて授業用教材となる。教科書に採択された良質な素材であっても，国語教師の力量の有無によって，優良な教材にも粗悪な教材にもなり得る。つまり，新鮮でおいしい良質な素材を生かすも殺すも，料理人である教師の腕次第なのである。

2.3.2　素材研究①――書き込みによる基礎資料の作成――

とはいえ，学校現場は多種多様な職務があり，実際には読者として素材にじっくりと向き合うために多くの時間を割く環境にない。その中で，筆者が高等学校教員であった時代に①と②を同時におこなう方法としておこなっていたことが，素材への書き込みである。その手順の概略が図表 13 である。

良い発想や考えが浮かんでも，人間の脳は長期にわたってその記憶を留めておくことはそれほど得意ではない。「良いこと思いついたのに忘れちゃった」という経験も少なくないであろう。こどもも，発問に対して答えを見いだし，一所懸命に手を挙げても，指名されたときには瞬時に忘れてしまい，「忘れました……」となってしまうこともしばしばである。その人が生きていくために有用な情報はさておき，それほど必要でないと思われる情報に対してはその機能は脆弱である。

その脆弱さを補うために生み出されたものが「文字」と「書き留める作業」である。やはり素材研究においても，文字により書き留める作業は，有効な方法である。

本稿では，ハンス・ウィルヘルム作・絵（ひさやまたいち訳）「ずうっと，ずっと，大すきだよ」（光村図書出版発行教科書『こくご 一下 ともだち』

図表 13　書き込み式素材研究の手順

概要：対象となる教科書教材（この時点ではまだ素材）にいくつかの視点から書き込みをする。

手順①…〈第 1 段階の読み＝A．読者視点からの読み〉
一般的な読者として，感じたこと，感想や疑問，発見や驚き等，心に浮かんだことは，どのような些細なことでも書き込む。必要に応じて調べるなどして，その結果も書き込む。

手順②…〈第 2 段階の読み＝B．教師視点からの読み，以下⑤まで〉
教師として，国語科教育的観点から，児童・生徒にとって難解に感じる語句や文脈，習得してほしい語句や文脈，今後使えそうな表現など，主に言語表現に関わる部分に線などを引き，コメントや調べた結果を書き込む。

手順③…一文の構造や文と文の関係，形式・内容段落の関係など文章構造に関わることでわかったことや授業に生かせそうなことについて，線などを引きながら，コメント等を書き込む。

手順④…授業をおこなっていく上で中心的役割を果たす授業展開や発問等，思いついた都度，その内容を書き込む。

手順⑤…その他，脳裏に浮かんだことは，授業に使える，使えないにかかわらずどのような些細なことでも書き込む。

掲載）を研究の対象とし，上に示した図表 13「書き込み式素材研究の手順」に従い書き込みをし，その書き込みを基礎資料として研究を進めた。

ただし，本文の引用は，絵本『ずーっと ずっと だいすきだよ』（久山太市訳，評論社，1988 年）に拠った。また，絵本版は犬の名前を「エルフィー」とするが，光村図書教科書版では「エルフ」とするため，引用に際して，犬の名前を「エルフ」と改め，それ以外の本文は，絵本版の本文のままとした。

2.3.3　素材研究②──書き込み内容の集約──

書き込みをしただけでは，授業を作る上では役に立たない。そこで，書き込みをしたものを基礎資料として，その書き込み内容を集約する必要がある。前掲，松田（2010）「I「空中ブランコ乗りのキキ」の二次読み」（pp.142－182）に示された解釈の方法と，松田典祀先生に直接ご指導いただいた書き込みからの素材の分析方法及び集約方法を土台とし，書き込みの集約をおこなう。ただし，本稿では，解釈の集約のみに留め，発問の作成・提示まではおこなわない。

【書き込みの集約】

1）内容の概略（あらすじ）

犬のエルフと男の子（「ぼく」）は一緒に大きくなり，いつも一緒に過ごしてきた。エルフは男の子よりもずっと早く大きくなり，次第に老いていき，死期が近づく。その様子を感じながら男の子は，寝る前には必ず「エルフ，ずうっと，大すきだよ」と言い続けた。

その後，エルフは死に，男の子も家族も悲しむが，毎晩「ずうっと，大すきだよ」といっていた男の子は幾分か気持ちが楽だった。男の子は今後何を飼っても「ずうっと，ずっと，大すきだよ。」と言おうと心に思うのであった。

2）素材解釈・分析

以下，筆者が任意に切った文章ごとに「対象部全体」「下線部」についての素材解釈・分析の結果を示す。本文を筆者が任意に区切り，書き込み内容を「A. 対象部全体解釈・分析」と「B. 下線部解釈・分析」に分けて整理する。

〈本文Ⅰ〉

①エルフのことを，はなします。エルフは，②せかいでいちばん，すばらしい犬です。

B. 下線部解釈・分析

①「エルフのことを，はなします」

・過去回想的。以降の話が，ぼく視点で書かれていることに注目すべき。男の子のフィルターを通して描かれたエルフの姿。

②「せかいでいちばん，すばらしい犬です」

・男の子が，エルフを「せかいでいちばんすばらしい犬」と評している点が重要。ぼく視点でエルフに対する気持ちが書かれ，以降の「ぼくの犬」ということばにつながる。ここでの「いちばん」は，エルフに対する相対的評価ではなく，男の子からの絶対的評価として捉えるべき。

〈本文Ⅱ〉

ぼくたちは①いっしょに大きくなりました。でも，②エルフのほうが，ずっとはやく，大きくなったよ。ぼくは，エルフの③あったかいおなかを，いつもまくらにするのが，すきだった。そして，④ぼくらは，いっしょにゆめを見た。⑤にいさんやいもうともエルフのことが大すきだった。でも，エルフは，ぼくの犬だったんだ

A. 対象部全体解釈・分析

「いっしょに」ということばに注目する必要がある。ここで，ぼくが常にエルフと行動を共にしていることを児童に読み取らせておかないと，「エルフはぼくの犬」という発想にはいきつかない。そのために，「いっしょに大きくなった」「あったかいおなかを，いつもまくらにする」「いっしょにゆめを見た」の順接的文脈と「にいさんやいもうともエルフのことが大すきだった。でも」という逆接的文脈を拠り所として読み取らせるとよい。

B. 下線部解釈・分析

①「いっしょに大きくなりました」④「ぼくらは，いっしょにゆめを見た」

・ぼくとエルフは，常に寄り添いながら共に成長してきたことを確認する必要がある。

②「エルフのほうが，ずっと早く，大きくなったよ」

・人間と犬の成長の早さ，寿命の違いを意識させる。

③「あったかいおなかを，いつもまくらにするのが，すきだった」

・後の場面にこの場面とは逆の「エルフのために枕をあげた」という行動につながることから，押さえるべき重要箇所。

⑤「にいさんやいもうともエルフのことが大すきだった。でも，エルフは，

ぼくの犬だったんだ」

- ・「でも」という逆接を中心に「にいさん・いもうと」と自分を比較している。エルフの死後，兄弟たちとの気持ちの持ち様の違いが述べられているシーンへとつながることから，押さえるべき重要箇所。
- ・「ぼくの犬」から，過去の話である。冒頭の「エルフのことをはなします」と合わせて，「ぼくの犬」の意味を再度確認する必要がある。

〈本文Ⅲ〉

①エルフとぼくは，まいにちいっしょにあそんだ。エルフは，りすをおいかけるのがすきで，ママの花だんを，ほりかえすのがすきだった。ときどき，エルフがわるさをすると，うちのかぞくは，すごくおこった。②でも，エルフをしかっていながら，みんなはエルフのことだいすきだった。③すきなら，すきと，いってやればよかったのに，だれも，いってやらなかった。④いわなくても，わかるとおもっていたんだね。

A. 対象部全体解釈・分析

前段に引き続き「いっしょに」に注目させたい。内容の構造は前段と同じだが，重要なことは，「すき」といったか，いわなかったかである。この点を考えるためには，下線部③④にある次のa～dの展開を頼りに読み進めるとよい。

a「みんなは，エルフのこと，大すきだった。」
b「すきならすきと，いってやれば」
c「だれも，いってやらなかった」
d「いわなくても，わかるとおもっていた」

a～dの関係は次のとおりである。

a「みんなは，エルフのこと，だいすきだった。」 ↓【だから】 d「いわなくても，わかるとおもっていた」	▼思っているから，いわなくても相手は感じてくれる・察してくれる。(「以心伝心」)
b「すきならすきと，いってやれば」 ↓【でも】 c「だれも，いってやらなかった」	▼ことばで気持ちを相手に伝える。(「言挙げ」) ＊ぼくはする⇔家族はしない

上記の構造を理解した上で，ことばにして「いうこと」と「いわないこと」の違いを後の場面[*1]に考えさせるための伏線として押さえる。

＊1「後の場面」

「にいさんやいもうとも，エルフがすきだった。でも，すきっていってやらなかった。ぼくだって，かなしくてたまらなかったけど，いくらかきもちがらくだった」

B.　下線部解釈・分析

①「エルフとぼくは，まいにちいっしょにあそんだ」

・生まれたときから，ずっと一緒に継続的に遊んでいるということは，この話を読む上での核となる。「まい日・いっしょに」という表現からぼくとエルフの関係を再確認させたい。

②「でも，エルフをしかっていながら，みんなはエルフのことだいすきだった」

・「でも」「～いながら」に注目させ，家族もぼくと同様エルフに対する「大すき」という気持ちを持っていることを読み取らせたい。

③「すきなら，すきと，いってやればよかったのに，だれも，いってやらなかった」

・過去回想であることをもう一度確認し，ここの「みんな」には「ぼく」が含まれていないことを読み取らせたい。ぼくを除く家族は「すき」な気持ちは持っていても，「すき」とはいっていなかった。それに対してぼくは「すき」とことばに出していっていたのである。

④「いわなくても，わかるとおもっていたんだね」

・この文の主語は，「みんな（ぼくを除くの家族）は」であることを確認したい。過去回想だと考えると，「みんな」には「ぼく」は含まれない。

〈本文Ⅳ〉

いつしか，ときがたっていき，ぼくのせがぐんぐんのびるあいだに，エルフは，どんどん，ふとっていった。エルフは，としをとって，ねていることが，おおくなり，さんぽをいやがるようになった。ぼくは，とてもしんぱいした。ぼくたちは，エルフをじゅういさんに，つれていった。でも，じゅういさんにも，できることはなにもなかった。「エルフは，としをとったんだよ。」じゅういさんは，そういった。

A. 対象部全体解釈・分析

ぼくとエルフ（人間と動物）の成長スピードは違うために，先にエルフが死ぬのは必然。このことについて理屈で教えず，成長の違いを対比的に捉えさせ，寿命の違いを知り，一緒に成長してきたからこそ，先にエルフが死んでしまうことの悲しさを感じ取らせたい。また，獣医ですら何もできないことを読み取らせ，エルフが刻一刻と死に近づいていることを考えさせたい部分である。

また，この場面での「ぼくとエルフの行動と気持ち」の対比を図化すると次のようになる。

（●いつしか，ときがたっていき）

＜ぼく＞		＜エルフ＞
ぼくのせがぐんぐんのびる	⇔	エルフは，どんどん　ふとっていった
ぼくは，とても　しんぱいした	⇔	エルフはとしをとって，ねていることがおおくなり，さんぽをいやがるようになった
ぼくたちは，エルフをじゅういさんに　つれていった	⇔	じゅういさんにも，できることはなにもなかった。「エルフは，としを　とったんだよ」

〈本文Ｖ〉

> まもなく，エルフはかいだんも，のぼれなくなった。でも，エルフは，ぼくのへやでねなくちゃいけないんだ。①ぼくは，エルフに，やわらかいまくらをやって，ねるまえには，かならず，「エルフ，ずーっと，だいすきだよ。」っていってやった。エルフはきっと　わかってくれたよね。

A.　対象部全体解釈・分析

前段に引き続き，ぼくとエルフを対比的に捉えさせることが大切である。さらに重要となるのは，ぼくが，「エルフ，ずうっと，大すきだよ」と言挙げ（気持ちを声に出して発する）したことである。それまで男の子は，エルフのことを心の中では大すきとは思っていたものの，声に出して伝えてはいない。それが，「大すき」と言挙げしたことにより，「エルフもきっとわかってくれたよね」と自分の気持ちがエルフに伝わっていくことを実感する。この実感を通して「声に出して自分の気持ちを伝えることの大切さ」を読み取らせたい。

また，この場面での「ぼくとエルフの行動と気持ち」の対比を図化すると次のようになる。

（●まもなく）

＜ぼく＞		＜エルフ＞
でも，エルフはぼくのへやでねなくちゃ　いけないんだ	⇔	まもなくエルフは，かいだんも上れなくなった
ぼくは，エルフに，やわらかいまくらをやって	⇔	［エルフは，やわらかいまくらで寝る］

B.　下線部解釈・分析

①「ぼくは，エルフに，やわらかいまくらをやって」

・エルフが歳を取る前，常に行動を共にし，一緒に成長していた頃は「ぼくは，エルフのあったかいおなかを，いつもまくらにするのがすきだった」とあるが，ここでは，「エルフにやわらかいまくらをや」るへと，ぼくの行動が変わっている。この対比からぼくとエルフの関係，置かれた状況の変化を捉えさせることを忘れてはいけない。

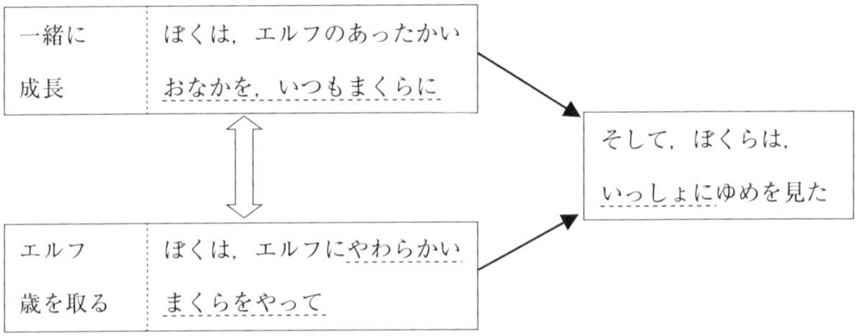

〈本文Ⅵ〉

> あるあさ，目をさますとエルフが，しんでいた。①よるのあいだに，しんだんだ。ぼくたちは，エルフをにわにうめた。みんな，ないてかたをだきあった。②にいさんやいもうとも，エルフがすきだった。でも，すきっていってやらなかった。ぼくだって，かなしくてたまらなかったけど，いくらか，きもちがらくだった。だってまいばんエルフに，「ずーっと，だいすきだよ。」って，いってやっていたからね。

A. 対象部全体解釈・分析

同じ「すき」でも，声に出して言わなかった兄たちに比べ，声に出して気持ちを伝え続けた自分こそ，エルフの真の飼い主，エルフは「ぼくの犬」という意識が強く反映している。ここから「声に出して気持ちを伝え続けることにより心の交流や信頼関係の深化が図られる」ということを読み取ることができる。ここでは，「ずーっと，だいすきだよ」といっていたことにより「きもちがらく」になったのはなぜかを本文内容を踏まえて考えさせることができる。

B. 下線部解釈・分析

①「よるのあいだに，しんだんだ」

・エルフがどこで死んだのかを押さえておきたい。本文内容を丁寧に読み取れていれば，「ぼく」の部屋であることは明らか。ということは，一緒にいながら，エルフの死に気づかなかったのである。ぼくが朝起きたときの悲しみは計り知れない。にもかかわらず，にいさんやいもうとに比べて気持ちが楽だったのである。それは「ずーっと，だいすきだよ」といい続けてきたことによる。

②「にいさんやいもうとも，エルフがすきだった。でも，すきっていってやらなかった」

・兄弟もぼくと同様にエルフのことが好きだったこと，ただ，「好き」といわなかったことを押さえ，その「好き」の状態の違いを，下線③

のぼくの「ずーっと，だいすきだよ。」のことばをもとに気づかせたい。

〈本文Ⅶ〉

①となりの子が，子犬をくれるといった。もらっても，エルフは気にしないって，わかっていたけど，ぼくは，いらないっていった。かわりに，ぼくが，エルフのバスケットを，あげた。ぼくより，その子のほうが，バスケットいるもんね。いつかぼくも，ほかの犬を，かうだろうし，子ねこやきんぎょも，かうだろう。なにをかっても，まいばん，きっといってやるんだ。②「ずーっと，ずっと，だいすきだよ。」って。

A. 対象部全体解釈・分析

エルフと過ごした日々，そしてエルフの死。男の子の心は成長する。声に出して気持ちを伝えることの大切さを知ったのである。「なにをかっても，まいばん，きっといってやるんだ。「ずーっと，ずっと，だいすきだよ」って」というところから，単にエルフに対する気持ちやこれから飼うであろうペット等に対する気持ちだけではなく，声に出して言うことにより，死んだエルフに対するぼくの気持ちの再確認的意味合いをも持っているのではないか。ここから，「声に出すことで自身の気持ちを再確認している」ということを読み取ることができるが，1年生に考えさせるのは難しいことから，男の子が「ずーっと，ずっと，だいすきだよ」といったあと，どのような気持ちになったかを考えさせると，その解答に近づけるか。

B. 下線部解釈・分析

①「となりの子が，子犬をくれるといった。もらっても，エルフは気にしないって，わかっていたけど，ぼくは，いらないっていった。かわりに，ぼくが，エルフのバスケットを，あげた」

・となりの子が子犬をあげるといったことに対して，男の子がいらないといったときの気持ちを児童に考えさせたい。それと同時に，エルフの使っていたバスケットをあげるという行為をどう捉えるかを聞くことで児童のここまでの読みの深さを量ることができる。

②「ずーっと，ずっと，だいすきだよ。」

・最後に来て，本作品の題名が出てくる。ここで題名に込めた作者の想いを問い直すことで，本作品の主題を明らかにする良い機会となる。

本文Ⅰ～Ⅶ全体に対して

○男の子のエルフに対する気持ちを声に出して伝えるという場面から，「声に出して気持ちを伝えることは大切であり，心の交流や信頼関係の深化が図られ，自身の気持ちを再確認することにもつながる」といえる。

○挿絵があるため，挿絵から状況を想像させることができる。挿絵を使い，どういう場面であったかを考えさせ，本文内容の確認，順序の確認をさせることもできる。

○話の展開が，男の子目線のみで書かれていることから，読み進める上で視点がひとつに固定され，児童が，男の子の行動や気持ちと自分を同化させて読める点で扱いやすく，理解させやすい。

○エルフが年老いていく以前と以後でぼくとエルフの関係性が逆転していくというように，1年生でもわかりやすい伏線がはられており，段落の関係や文脈を学ぶことに適している。

3）作者について

ハンス・ウィルヘルム（Hans Wilhelm）は，ドイツ出身の絵本作家で，児童書のイラストも多数描く。アフリカに長年滞在した経験がある。アメリカで古い農家に住み，納屋をスタジオ代わりに創作に励む。主な作品として，『ずーっと ずっと だいすきだよ』の他に，『ぼくたち また なかよしさ！』，『タイローンなんかこわくない』『そんなのずるいよ！タイローン』などがある。

4）文章構成と文章構成図

4つの内容で構成される。段落，対象ページ，及び小見出しは次のとおりである。ページ数は，光村図書出版教科書と一致。段落数，「起・承・転・結」の文章構成，小見出しは，筆者が内容にあわせて独自に作成した。

○文章構成（小見出し）
　第１段落（起）初め～P47L9「エルフはぼくの犬となんだ」
　第２段落（承）P48L1～P49L2「元気だったころのエルフとぼくとぼくの家族」
　第３段落（転）P49L3～P51L3「老いていくエルフとエルフの死」
　第４段落（結）P54L1～終わり「エルフの死んだ後のぼくの決意」

○文章構成図は，図表 14 参照。

2.3.4 「ずうっと，ずっと，大すきだよ」は有用性の高い教材となり得るか

解釈の集約結果を踏まえ，「ずうっと，ずっと，大すきだよ」の教材としての有用性の観点から考察を加えると，次のようになる。

犬は，我々人間にとって身近な動物であり，こどもたちにとってもなじみやすい。その犬と飼い主である「ぼく」とペットとしての犬という構図は理解しやすく，こどもたちが物語の中に素直に入っていける点で，取り組みやすい。

また，「いっしょに」育ってきたぼくとエルフの心の交流とが描かれ，さらにエルフの老いと死をきっかけにしたぼくの心の成長，「大すきだよ」と声に出して伝えることの大切さなど，こどもが自身の体験や経験と照らし合わせながら想像的に読むことができることは深い理解につながる。

さらに，今回の解釈の対象にしていないが，挿絵も多く，柔らかいタッチのやさしい雰囲気を醸し出しており，絵本に慣れ親しんだ児童にとって素直に受け入れられやすい構成となっている。

最も注目すべき点は，登場人物の中心である「ぼく」視点で書かれ，児童がぼくに寄り添いながら読み進ることができるという素材の特性があることから，エルフの生死に対するぼくの気持ちや行動の変化を捉えやすく，心情の読み取りが容易であり，読みを深めることが可能な教材だということであ

図表 14　文章構成図

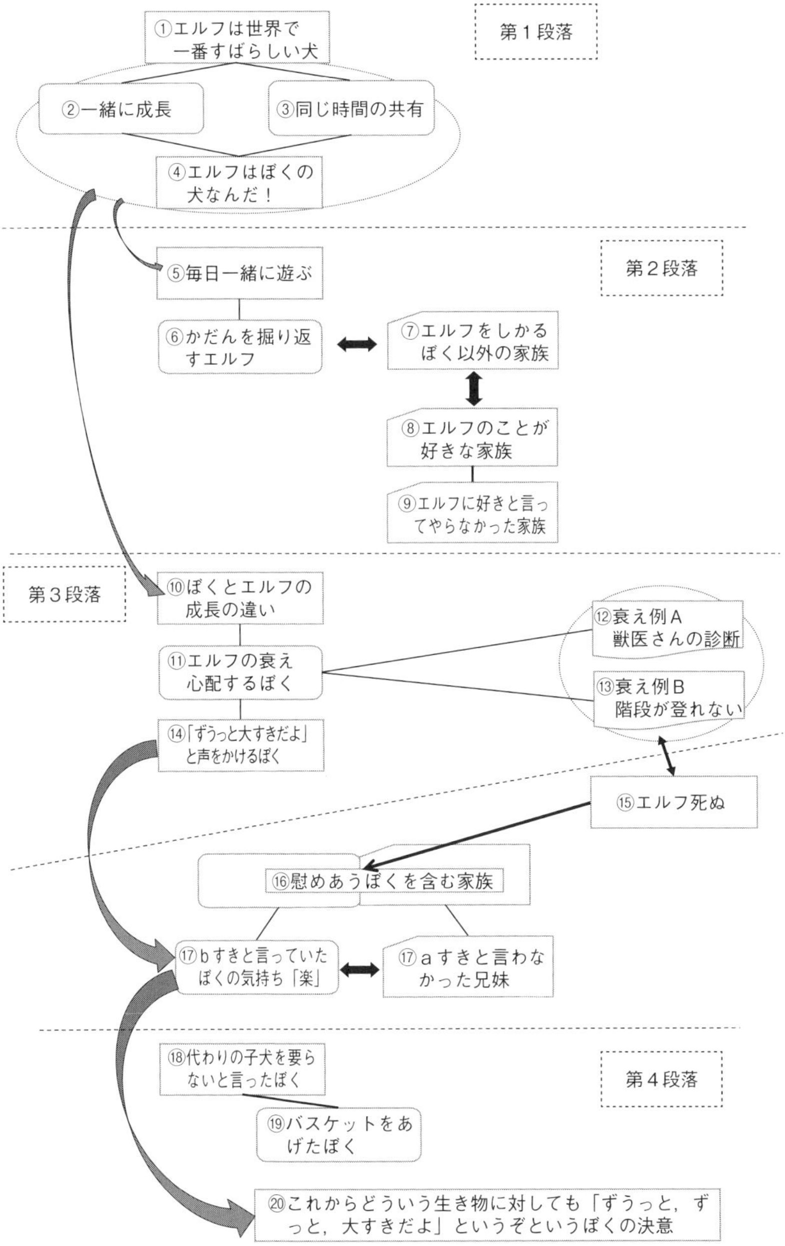
第１段落
①エルフは世界で一番すばらしい犬
②一緒に成長
③同じ時間の共有
④エルフはぼくの犬なんだ！
第２段落
⑤毎日一緒に遊ぶ
⑥かだんを掘り返すエルフ
⑦エルフをしかるぼく以外の家族
⑧エルフのことが好きな家族
⑨エルフに好きと言ってやらなかった家族
第３段落
⑩ぼくとエルフの成長の違い
⑪エルフの衰え心配するぼく
⑫衰え例Ａ 獣医さんの診断
⑬衰え例Ｂ 階段が登れない
⑭「ずうっと大すきだよ」と声をかけるぼく
⑮エルフ死ぬ
⑯慰めあうぼくを含む家族
⑰ｂすきと言っていたぼくの気持ち「楽」
⑰ａすきと言わなかった兄妹
第４段落
⑱代わりの子犬を要らないと言ったぼく
⑲バスケットをあげたぼく
⑳これからどういう生き物に対しても「ずうっと，ずっと，大すきだよ」というぞというぼくの決意

る。よって，教育的効果を期待した以下の①～③などの目標が設定できる。

①ぼくとエルフの関係，家族とエルフの関係を踏まえて，行動や心情を読み取ることができる。
②エルフに対して，「大すきだよ」と言い続けたぼくの気持ちに注目させ，声に出して気持ちを伝えることの大切さを読み取ることができる。
③犬と人を主な登場人物する他作品（例えば「フランダースの犬」）や，他の動物と人（例えば「かわいそうなぞう」「子ぎつねヘレンがのこしたもの」）を自ら進んで読む（並行読書）態度を育てることができる。

以上の考察から，「ずうっと，ずっと，大すきだよ」は有用性の高い教材となり得るといえる。

本節では，素材研究の土台となる素材解釈の方法の提示を試みた。その根底には，冒頭に述べたように，読者の視点と教師の視点の両方からの読みが重要であることを提起しておきたい。教師視点のみならず，読者としての読感を素材研究に加えることは，素材に対する読みの深さが増すのみならず，授業展開の幅や工夫，発問作成や児童の自主的活動を生み，素材を有用な教材へと高めることにつながるのである。

2.4　本章の小括及び素材研究の位置付けと重要度

2.4.1　本章の小括

本章では，素材と教材の関係性の整理（2.1），児童・生徒の記憶に残る教材の傾向，その教材の持つ構成・内容と想定される授業展開の整理（2.2），良質な素材を有用な教材へと高めるための素材研究・教材研究の視点と基本的な分析方法の提示（2.3）をおこなった。以下が各節で述べた内容の概要である。

〈各節の概要〉

2.1　素材研究がことばに着目し，その文章の持つ言語的・表現的特性をもとに内容の大意をつかむこと，意図や味わいを知ることに研究の主眼を置く基礎的作業であるのに対し，教材研究は，当該教材（素材研究後のテキスト）の持つ学習効果の追求，児童・生徒の能力育成に資することに研究の主眼を置く応用的作業点で違いがある。つまり両者は，国語科授業のための準備段階における基礎的研究と応用的研究の関係といえ，素材研究は，国語科授業のための準備の第一歩として欠くことのできない研究だといえる。

2.2　アンケートの結果から，説明・論説文は記憶に残りにくく，文学教材（特に長年掲載されてきた定番教材）が記憶に残りやすいことが明らかになった。記憶に残りやすい教材は，内容展開の明確さと授業展開の明確さの両者を兼ね備える傾向が強いことがわかった。残された課題は，文学教材で豊かな心情の形成をも含めた能力育成をどうしていくか，どう説明・論説文に興味を持たせ，論理的思考力を養うかである。

2.3 「ずうっと，ずっと，大すきだよ」を素材例とし，読者と教師の２つの視点から素材研究を進めた結果，内容の構成・展開もわかりやすく，ぼくに寄り添い読み進めることで，教育的効果として「行動や心情の読み取り」，「声に出して気持ちを伝えることの大切さを知る」，「他作品を自ら進んで読む（並行読書）態度を育てる」など多くの教育的効果が期待され，本作品は，有用性の高い教材となり得る。読者と教師の両視点からの素材研究は，授業準備の第一歩として欠くことはできない作業である。

各節で述べたことに共通するキーワードは，「良質な素材を有用性のある教材に高める」と「素材研究」である。

2.4.2 素材研究の位置付けと重要度

国語科の授業は，それぞれの作品を読むための読解法，問題を解くための公式や理論が明確にあるわけではない。また，問うべき内容も明確に決まっているわけではない。国語科の授業を進めていくためには，目の前にいる児童・生徒の様態に合わせた発問の作成も含めた高度な教材研究を要するのである。ただ，本章において繰り返し主張してきたように，教科書に掲載されているだけでは教材とはいえないのである。それは単なる素材にすぎず，教師がその素材自体の研究をおこなうことで初めて教材となる。良質な素材を有用性のある教材に高める作業が必須であることを踏まえると，「素材研究」は教材研究の起点と位置付けることが必要なのである。

まず，その素材研究の基本として，まずは国語科の核となる「ことば」に着目した上で，「素材の把握，語義の探索，文章大意の理解」，「表面的・内面的双方から表現特性など」を研究の手がかりとし，読者としての読感の視点と，教師としての素材への期待値の視点の，２つから文章の持つ意図や味わいを明らかにすることが肝要である。

このように素材研究は，国語科授業を構築する上で，その素材の持つ潜在能力を最大限に引き出すために重要な作業で，教材研究の起点となる基礎的研究なのである。

教師は，この素材研究を通して多角的視点により素材を吟味し，読みの深さを増すことで，発問作成，児童の自主的活動を生む授業構築や授業展開の工夫や手立ての幅を広げられるのである。

〈直接引用文献〉

大内善一（2009）「2 教材研究の視点（2）「書くこと」」田近洵一・大熊徹・塚田泰彦編『小学校国語科授業研究』教育出版，26.

大平浩哉（1984）『新しい国語教育の方向と課題』有朋堂.

千古利恵子・中條敦仁（2009）「アンケート結果をもとにした「絵本の読み聞かせ」試論―保育・教育現場における読み聞かせの目的を考える―」『京都文教短期大学研究紀要』第 48 集，54－64.

佐藤明宏（2012）『国語科研究授業のすべて―教材研究・指導案・授業実践―』東洋館出版社.

澤本和子（2018）「V 教材研究 83 教材・教具」田近洵一・井上尚美・中村和弘編『国語教育指導用語辞典』教育出版，178－179.

田中榮一（1984）「文学教育における教材研究―小川未明「野ばら」のことなどを中心に―」『日本文学』33 巻 8 号，25－39.

塚田泰彦（2009）「4 教材・学習材の研究と開発」全国大学国語教育学会編『国語科教育実践・研究必携』学芸図書，〔2.1.1〕，74，〔2.1.3〕，77.

藤原与一（1974）『私の国語教育学』新光閣出版.

堀江祐爾（2018）「II 読解・読書指導 36 味読」田近洵一・井上尚美・中村和弘編『国語教育指導用語辞典』教育出版，82－83.

松田典祀（2010）「「空中ブランコ乗りのキキ」に於ける教材解釈に基づいた発問の研究」『皇學館大学教育学部研究報告集』第 3 号，141－190.

第３章
国語教育学の領域における素材研究
――言語・読解・本文異同・古典文法――

前章では，素材研究が，素材の持つ潜在能力を最大限に引き出すための重要な作業であり，良質な素材を有用な教材へと高めるために欠くことのできない教材研究の起点となるべきものであることを述べた。

素材研究が教材研究の起点となるべきことは疑いのないことであるが，課題は，どのような方法をもって素材研究を進めればよいかということである。一般的に素材研究は，

①構成・展開・人物像・主題を読み解く
②語句・表現の特徴を解明する
③文体論・文法構造
④作品論・作家論
⑤文学史上の価値

のおおよそ５つの視点からおこなわれ，理論的・実践的，様々な視点からの先行研究が蓄積されており，その恩恵は大きい。

本章では，先行研究を踏まえ，前掲①～⑤の国語教育学研究の領域に含まれる，「言語獲得」（3.1，3.2），「物語の読解構造の類型化」（3.3），「本文異同を活用した読解」（3.4），「古典文法を手がかりにした読み」（3.5）の４つの視点から，具体的方法の提示とその効果を論じたい。

3.1　言語学習を進めるための基本的考え方

〔本節のキーワード〕
乳幼児，言語，獲得，意味理解，運用力，言語発達，コミュニケーション，メタ認知非認知，情報活用

3.1.1　小学校卒業時までに習得する語句数の想定

生まれて以降，心身の成長とともに言語も発達していく。周囲の言語環境により差は生じるであろうが，小林（2005）の示した発達段階と習得語句数の関係の概略を示すと次のようになる（概略中の【 】内は筆者による補足）。

①こどもが初めて発する初語（生後 10 か月程度）出現以前の理解を示す行動を示し始めた頃から 1 歳半までに 30 語から 50 語ぐらいまでの語を産出する。この段階を語彙獲得の第 1 段階とみなす。
【習得語句は，日常会話及び食べ物や動物の名称などの普通名詞が多い。】

② 1 歳 6 か月以降，50 語を超えると，ことばの数は急激に増加する。この爆発的増加が起こる時期は語彙獲得の第 2 段階と呼ぶ。
【1 歳半から 3 歳頃にかけて習得語句数は爆発的に増えるため「語彙の爆発期」とも言われる。増加語句の多くは①と同様に普通名詞が中心であるが，小林(2005)によると，述語の増加も顕著である。】

③その後，年齢を重ねるごとに普通名詞・述語以外の，例えば，助詞・助動詞の習得も進み，就学前期までに総計 3000 語から 1 万語もの語を獲得する。

生まれてから 3 歳頃（①・②）までに習得する語句の大半は名詞である。この言語習得の最も初期の段階は，親を中心としたコミュニティーに付随する言語環境に依拠し，こどもが手に取る，視覚的に捉えられる範囲にある具

体物の視覚的認知とその具体物に与えられた名称（物の名前）との関連付けが中心となる。

その後，年齢を重ねるごとに，こどもが身を置くコミュニティーの範囲が広がることで，新たなコミュニティー（保育所や幼稚園，公園等での遊び仲間など）に付随する言語環境に依拠する語句の習得が進む。これまでの具体物の視覚的認知とその具体物に与えられた名称（物の名前）との関連付けのみならず，会話上の文脈として必要な語句(動詞・形容詞・形容動詞・助詞・助動詞・副詞など）の発達，具体物を伴わない理解だけで習得する語句が増していく。

結果として，小学校入学時点で3000から1万語を習得しているのであるが，約7000語の差については，こどもが身を委ねる言語環境も習得語句数の差の要因となろう。例えば，保育所・幼稚園に通うと絵本・紙芝居・歌唱，保育士・幼稚園教諭との会話，指導において多くのことばに触れる機会を得るが，そうでないとその機会は少なく，多くの語句に触れることができない。つまり，小学校入学前の言語習得の初期段階での習得語句数は，周囲の言語環境に大きく左右されると考えられるのである。

本稿は，自己形成，人間関係形成，知識・技能の獲得など生きる力を養うことを目的とした本格的な言語習得の段階である小学校課程を考察の対象とするが，その6年間で，どの程度の語句数の習得が想定されているのであろうか。

その想定を考えるために，小学生を対象として編集された国語辞典の語句収録数が手がかりとする。例えば，旺文社『小学国語新辞典』は，約3万1000語，学研教育出版『新レインボー小学国語辞典』は約3万7000語，三省堂『例解小学国語辞典』は約3万4000語と，3万語程度が収録されている。ここからいえることは，小学校就学前に習得した1万語程度の語句も含み，小学校卒業時までの累積として最大3万語程度の習得を想定していることになる。

これら辞書に収録された語句を概観すると，他者とコミュニケーションを図るなど一般的な社会生活を送る上で必要な語句は，ほぼ網羅されている。やはり，小学校課程における語句の習得は重要であり，言語教育の中心教科

図表 15　乳幼児語句獲得の段階

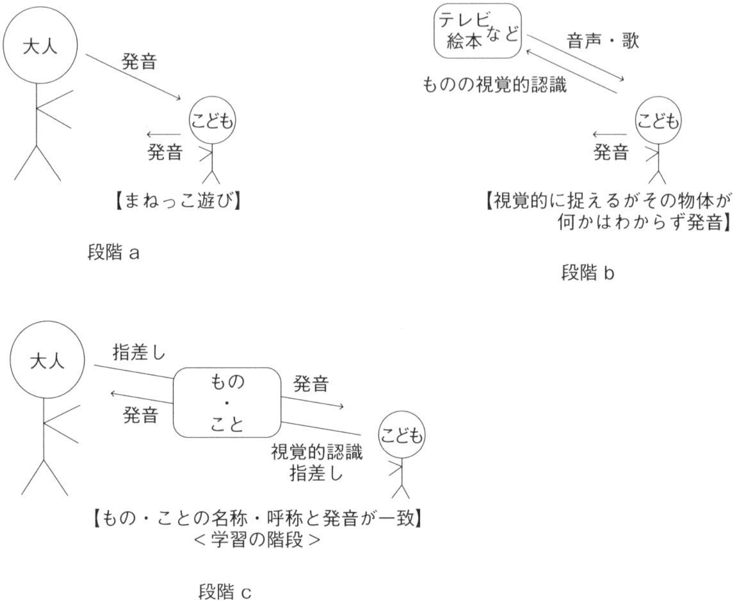

である国語科の存在は大きくその責任は重い。

3.1.2　乳幼児の言語獲得の段階と言語発達を促す周囲の配慮

乳幼児が言語を獲得するために必要な要素は，「発音」，「視覚的認識」，「もの・ことと名称の一致」である。その関係と言語獲得の段階を視覚化したものが図表 15 で，次の段階 a〜c の 3 段階を経ることとなる。

a 身近な大人（特に親族）の発声した音を単純に真似る。
b 自分の身近にあるもの（テレビや音の出る絵本など）に付随情報を視覚的に捉えながら，そこから発せられる音を真似る。
c もの・ことと名称・呼称の一致した上での語句の運用が始まり，学習の段階に入る。

3.1.3 小学校における言語獲得と言語発達に必要な 3 つの能力

乳幼児期の言語獲得に必要な要素である「発音」,「視覚的認識」,「もの・ことと名称の一致」で，言語獲得のために IDS・CDS など大人の配慮が必要と述べたが，小学校国語科教育における言語獲得でも要素と配慮が必要となろう。

1）言語獲得に必要な要素

小学校学習指導要領解説 国語編（平成 29 年）には，語彙を豊かにする指導の改善・充実を図ることが示され，その具体的内容として，「意味を理解している語句の数を増やすだけでなく，話や文章の中で使いこなせる語句を増やす」(p.8) とある。ここから，「意味の理解」と「使いこなせる」ことが必要であることがわかる。つまり，小学校における言語獲得には，乳幼児期の「発音」,「視覚的認識」,「もの・ことと名称の一致」に，「意味の理解」と「適切な場面における使用」を加えた 5 つの要素が必要だと考える。

では，この 5 つの要素がどのような関係性にあれば，小学生として言語を獲得したといえるのであろうか。その関係性を考察するための根拠資料として作成したものが図表 16a から 16d である。資料は，「名称」を基本にそれぞれの要素との関係性を示した。

図表 16a から 16d によって，小学生の言語獲得は，すべてにおいて「知っている－知っている」の組み合わせである A の領域をめざす必要があることがわかる。その内容を具体的に把握するために作成したものが，図表 17 である。

この表から, 小学校国語科における言語獲得とは, もの・ことの名称を知っていることを前提に，その発音，視覚的認識，意味の理解，適切な使用場面の理解ができる，という A 領域すべてを満たすことである。

つまり，小学校における獲得には，何かしらのもの・ことに名称が与えられていることを前提に,「認知」→「発音」→「意味」→「運用」の 4 つの過程を経ることが不可欠なのである。

図表 16a　名称－発音

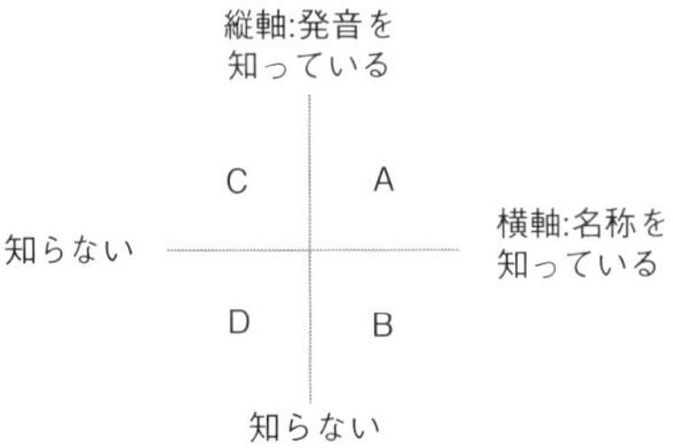

図表 16b　名称－視覚的認識

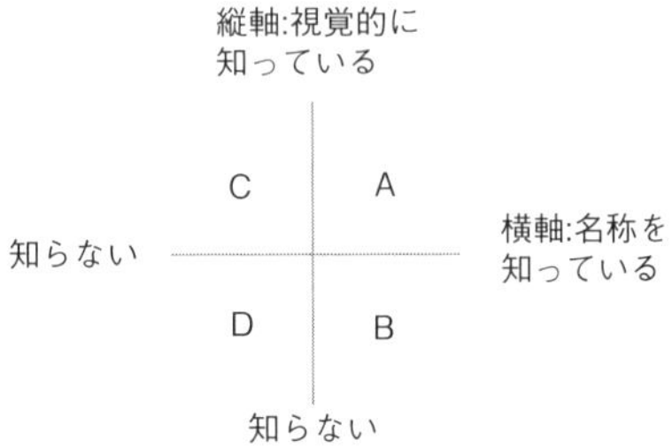

図表 16c　名称－辞書的意味

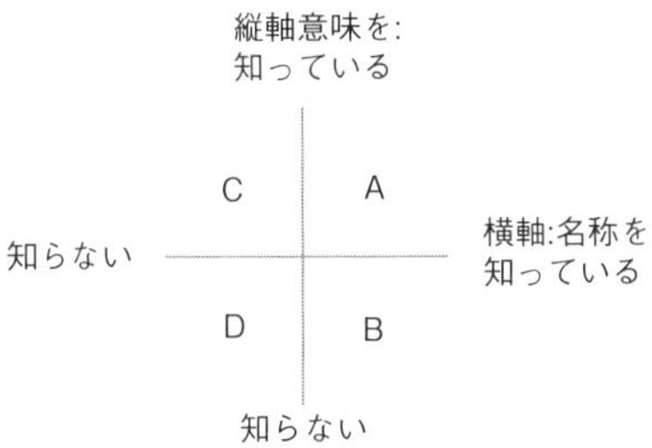

図表 16d　名称－適切な場面での使用

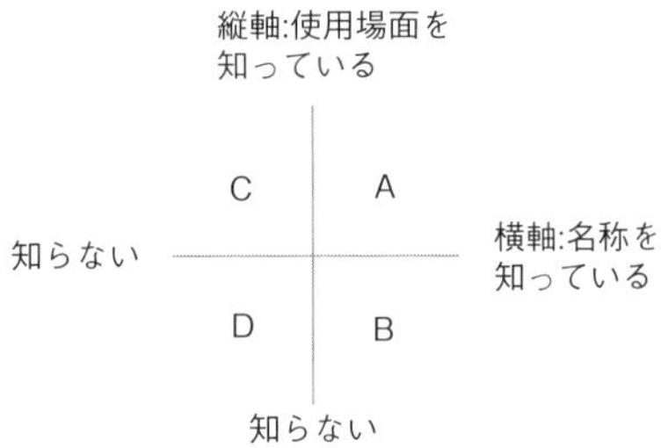

図表 17　5つの要素の関係性まとめ

	A	B	C	D
16a	名称を知っており，発音もできる。	名称は知っているが，発音は知らない。	名称を知らないから発音もできない。	名称を知らず，発音もできない。
16b	名称を知っており，見たこともある。	名称は知っているが，見たことはない。	名称を知らないが，見たことはある。	名称を知らず，見たこともない。
16c	名称を知っており，意味も知っている。	名称は知っているが，意味はわからない。	名称を知らないから意味もわからない。	名称を知らず，意味も知らない。
16d	名称を知っており，使用場面も知っている。	名称は知っているが，使用場面はわからない。	名称を知らないが，使用場面はわかる。	名称を知らず，使用場面もわからない。

2）言語獲得に必要な配慮

本稿では，必要な配慮として，①メタ認知能力，②非認知能力，③情報活用能力の３点を提示したい。

①メタ認知能力

学習指導要領の改訂に際して，３つの柱が立てられたが，そのひとつに「何を理解しているか　何ができるか（知識・技能）」がある。言い換えれば，こども自身が「自分は何を理解しているのか，何ができるのかのみならず，何がわからないのか，何ができないのか」を知ることで，これこそ，メタ認知である。児童が乳幼児期から今に至るまで獲得した言語がどのようなものかを，メタ（高次）の視点から，知っている語句と知らない語句を客観的に見つめるための学習活動を提供する必要がある。

②非認知能力

非認知能力とは，「社会性」「敬意」「思いやり」「忍耐力」「自己抑制」「情熱」「がんばり」「自尊心」「自信を持つ」など，目に見えず，測ることのできない能力のことである。いくら，「認知」→「発音」→「意味」→「運用」の４つの過程を経て語句・表現力（＝語彙力）を手に入れたとしても，適切な運用がなされなければ意味はない。当然，他者と関わるためには，自分の思いを一方的に述べるだけでは，心の通った会話は成り立たない。他者の思いを察してことばを選びながら会話ができるよう，国語科教育をはじめ全学校活動において非認知能力を育てるための学習活動を提供する必要がある。

③情報活用能力

情報が処理できないほど溢れる社会である。学習指導要領（平成29年）は，その情勢を反映させ，情報活用能力向上を中心的課題としている。センター試験の後継として2021年１月から「大学入学共通テスト」が実施されるが，そのプレテストの国語では，示されたいくつかの情報（データや文章）を組み合わせ，80字から120字程度で記述する問題が提示された（ただ，2021年実施の「大学入学共通テスト」には記述問題は出題されない予定であるが）。

このように，示された情報の活用・関連付けから文章化する能力が求められていることから，言語情報やデータの読み取り方とその結果を論述する力を育成するための学習活動を提供する必要がある。

以上，①メタ認知能力，②非認知能力，③情報活用能力が，言語獲得のために必要な３つの能力であり，これら能力を培うための学習計画と，常に「自分は何ができて何ができないのか」を児童が意識できるよう，例えば，説明文で情報活用能力を培い，物語文などで登場人物の心情や行動から非認知能力を培うような教育上の配慮をすることが求められる。

3.1.4　まとめ

コミュニケーションを図ったり，意思伝達をしたりするためには，習得語数を増やすだけではいけない。当然，意思伝達のための意思（ネタ・話題）をどう持たせるかが重要である。とはいえ，意思伝達のためには，共有できる語句の存在は欠かせない。まず，小学校国語科の言語教育で重視すべきは，「認知」→「発音」→「意味」→「運用」の４つの過程を経た語句・表現力（＝語彙力）の習得数を増やすことで，他者と共有できる語句を増やすことである。

そのためにも，児童が主体的・対話的に学び，確実な言語獲得を促す具体的授業手法の考案が残された課題となる。

3.2　体験を伴った語句の増加の必要性に関する一考察
――読み取り力向上のために――

〔本節のキーワード〕
言語活動，充実，習得，運用力，コミュニケーション，人間関係形成，生活体験，実感，体験的語句，疑似体験，ごんぎつね

3.2.1　教員の言語教育に対する課題意識

現在に至る約10年間「言語教育の充実」をテーマに，教員免許状更新講習の講義を担当してきた。受講者は小学校教員を中心に，中学・高等学校教員，保育士・幼稚園教員と多様である。その受講者が講習内容に求めることは，テーマが「言語教育の充実」であることもあり，ことばに関連する要望が圧倒的に多い。

講習に先立ち，言語教育に関わる悩みや講習で取り扱ってほしい内容を，事前あるいは講習当日の冒頭で調査をするのだが，その結果は，言語教育に対する苦悩がにじみ出るものであった。

国語科は，このことばを軸に学習活動を展開し「ことばの習得と運用力向上」をめざす教科であり，先にも述べたように，語句習得の中心となる国語科教育・言語教育が果たすべき責任は大きい。そのことは学習指導要領（平成29年）にも，その国語科を要とし，他教科へ波及させることで，教育全体として言語活動の充実を図ることが求められていることからも明らかである。しかし，国語科が果たすべき言語教育に関する悩みが実に多いのである。その悩みのうち，ことばに関するもの25例を取り上げ，共通項によって分類すると，おおよそ次に示すⅠ～Ⅷの8つに分類できるのである。

〈講習実施に際し寄せられた悩み・要望〉（＊アンケートの原文のママ）

Ⅰ．基本的事項

①正しい言葉の使い方の習得方法

②子どもたちの表現力を豊かにするには

Ⅱ．ことばとトラブル

③具体的にどのような言葉や会話でトラブルがおこっているのか

④トラブル回避するためにも言葉の使い方をどう伝えるべきか

Ⅲ．指導法

⑤話し方に対する有効な指導法とは

⑥コミュニケーションが苦手な子どもたちへの教科指導の仕方

⑦子どものコミュニケーション能力の向上につながる国語指導について

⑧どの教科もコミュニケーション力を高めていくことが大切であるが，ことばで子どもたち同士をつなげる具体的手立て

⑨コミュニケーション能力を付けるために日々必要なこと

Ⅳ．コミュニケーション能力・スキル向上

⑩ことばで人間関係形成やコミュニケーション　能力の向上について

⑪子どものコミュニケーション能力を高める方法

⑫より良いコミュニケーションのためのスキル（アサーションなど）

⑬授業を通して子どもたちのコミュニケーション能力スキルを向上させる方法

Ⅴ．コミュニケーション能力育成のための実践事例

⑭コミュニケーション力をつけるための実践

⑮人とのコミュニケーションをとる重要な言語教育をどのように実践をするか

⑯コミュニケーション能力について現場にて役立つ実践

⑰どのように豊かなコミュニケーション能力をつけるための実践例

Ⅵ．教師自身のコミュニケーション能力の向上

⑱人間関係形成能力やコミュニケーション能力を向上させる「ことば」の力を体感したい

⑲コミュニケーション能力を高めるような教師の働きかけ

⑳子どもたちへ「ことば」がどのように伝わりどう理解されるのか

㉑どんなことに気をつけて，ことばがけをしていくのが大切か

㉒小学生に対してどのような言葉づかいで接するべきか

Ⅶ．ことばと発達

㉓子どもたちのことばの発達と自分の思いを伝えるための言葉教育。

㉔発達段階が違いすぎる子どもたちの対応方法

Ⅷ．国語科を要とした他教科への言語活動の波及

㉕各教科における言語活動の充実について。

上記，Ⅰ～Ⅷの内容から，教師の苦悩の一端を垣間見ることができる。

国語科教育において，「話すこと・聞くこと」の学習活動重視が鮮明になった学習指導要領（平成20年）以降，社会人に求められる能力の第一でもある「コミュニケーション」能力の育成が学校教育において重要な課題とされた。現在においても，企業が求める能力の第1位がコミュニケーション能力であり，その育成は教育における重点課題である。

この社会的に重要とされるコミュニケーション能力育成に関連する悩み・要望が実に多い。講習テーマは「言語教育の充実」であるが，その悩み・要望の多くが，コミュニケーション能力であることを考えると，教員の発想として「言語教育＝コミュニケーション能力育成」が成り立つことは明らかである。つまり，教師は，社会情勢と児童・生徒の言語能力の現状を鑑み，コミュニケーション能力育成こそ学校教育における喫緊の課題だと考えているのである。

そのコミュニケーション能力については，Ⅲ・Ⅳ・Ⅴ・Ⅵにあり，その視点は，指導方法の確立に関する問題，児童・生徒のスキルの問題，教師自身の資質・能力の問題，そして具体的教育実践事例の欠如の4つの問題がある。授業を成立させるためには「A児童・生徒←B授業実践（C指導方法）←D教師」（A児童・生徒とD教師が，B効果的な指導方法をもとにした授業実践でつながる）の関係の構築が必要であるが，Ⅲ・Ⅳ・Ⅴ・Ⅵに示した内容から，A・B・C・Dすべてにおいて問題を抱え，教育の行き詰まりを露呈している。

また，Ⅱ・Ⅶから，言語発達の差が大きいために対等に関わることができない例から，ことばの伝達に関わるトラブルも少なからず想定できる。生きていく上で必要なことばの数と運用する力をある程度同等に身に付けさせていくことも必要である。

さらに，国語科教育が育成すべき最も重要な能力である，Ⅰ「正しい言葉の使い方の習得方法」「子どもたちの表現力を豊かにするには」の悩みは，言語教育に対する教師の苦悩が背景にあるのであろう。

教師は日々努力を重ね，様々な切り口や創意・工夫，副教材や教具の活用，時にはユーモアセンスをもって，言語活動の充実を図っていることは疑いのないことである。しかし，その効果を実感できていないために，先に示した①〜㉕のような要望や悩みが現れたのだと推察する。しかし，語句や豊かな表現の獲得，修得した語句や表現の運用，コミュニケーション能力の育成は，一朝一夕で成し得るものではなく，教師の取り組んだ教育の効果を実感できるまでには少し長い目で見ることが必要である。

3.2.2　人間関係形成や他者理解を促すための共有できる語句

言語教育に対する教師の悩みの多くは，コミュニケーション能力の育成に関連することであった。コミュニケーションを図るためには，対人関係形成能力も重要となるが，そもそも，人と人とをつなぐ媒介物としてのことばの存在とそのことばを共有できるある種の限定を伴った範囲の存在が欠かせない。

このある種限定された範囲で共通認識を伴った語句・表現の運用によりコミュニケーションを図る力を総称して，語彙力と呼ぶ。つまり，教師の持つことばの教育に対する課題意識は「語彙力向上」ということになる。語彙力については，安達（2018）に詳しい。以下，引用文中の下線は引用者による。

> 語彙とは，言語の基本となる単位の一つである語を，その一つ一つの語としてではなく，語全体のまとまりとしてみる名称である。[……] 特定の社会集団，個人の用いる語を全体としてみる場合にも，語彙という名称を使用する。[……] したがって，語彙という名称を用いるときには，その要素としての語を個々ばらばらに把握するのではなく，個々の語が何らかの有機的な関係を持って集合する統一体系，つまり体系として把握するという認識が重要になる。(p.22)

下線で示したように，学校教育において語彙力向上をめざすためには，次に示す a～d の要素が必要といえる。

a. 単位としての語（単語，国語教育では多く「語句」と呼ぶ）の存在
b. 語は特定の集団など限定された範囲における共有語句との認識
c. 語と語は有機的な関係のもとに一体化される
d. 語全体のまとまりとして捉える

語彙力向上の目的は，個人が他者と友好的・建設的な態度を持って，友好的・建設的な関係を築くことであり，その最終目標は，特定の集団の中で語彙力を発揮し他者と関わることができるようになることである。

学校教育における語彙力向上には，先に示した a～d の 4 つの要素があることを意識し学習計画を立てる必要がある。中でも,「a. 単位としての語(以下「語句」と表記)」の習得は最優先事項である。しかし，先に示した教師の悩み①～㉕をみると，語句習得を阻害する多くの要因を抱えていることがわかる。その主要なものを挙げると次の 4 点となる。

・別世代の使う語句が理解できない。
・同世代のみに通用する共通語句によるコミュニケーション場面の増加による汎用的語彙の減少。
・狭い範囲に限定された専門的共通語句でのやりとりで事足りる現状。
・学習すべき語句が，若年層の実生活において使用する場面がなく実感を伴わない語句（理解語彙）の増加。

つまり，若年層からすると，他の世代や同世代と会話をするにも，近代小説や昔話を読むにも，理解に苦しむ語句，実感が伴わない語句が多いと，そのものとの関係が持ちにくいのである。人間関係形成や他者理解を促すための共有できる語句の増加は，国語科教育の課題のひとつといえる。

本稿では，新美南吉「ごんぎつね」を用いて，実際の教材にはどのような実感を伴わない語句が用いられているのかを示し，その実感を伴わない語句

を共有できる語句とするためには「体験的語句」の視点が重要であることを明らかにすることを目的とし，その習得にはICT機器活用も重要な視点となることも述べる。

3.2.3　小学校教材における実感を伴わない語句の実際

では，小学生にとって実感を伴わない語句とはどのようなものか。小学校4年生（以下，「小4」と表記）対象教材である新美南吉「ごんぎつね」を用いてその語句を抽出し，実感を伴わない語句の増加の弊害について考えたい。抽出に際し，半田市教育委員会（2012）所収「ごんぎつね」の本文を使用する。

語句の抽出は，「ごんぎつね」全6場面のうち，特に昔話的要素を多分に含む，2「兵十のおっかあの葬列と洞穴でごんが自分と向き合う」場面，3「ごんのつぐないが開始される」場面を取り上げる。

語句の抽出は，現代における小4の置かれる生活環境において存在しない，あるいは特殊な環境でのみでしか存在しない，めったに目にする・触れる機会がないものを基本とする。

1）小学生の生活体験・体験上，実感を伴わない語句を抽出

以下，「ごんぎつね」2場面・3場面を対象に，理解に苦しむ，または実感が伴いにくいであろう語句の代表的なものを抽出し，下線で示す。

▼2場面

十日ほどたって，ごんが，弥助という$_1$お百姓の家のうらをとおりかかりますと，そこの，$_2$いちじくの木のかげで，弥助の家内が，$_3$おはぐろをつけていました。$_4$鍛治屋の新兵衛の家のうらをとおると，新兵衛の$_5$家内が，$_6$かみをすいていました。ごんは，「ふふん。村に何かあるんだな。」と思いました。

「なんだろう，秋祭りかな。祭りなら，$_7$太鼓や笛の音がしそうなものだ。それに第一，$_8$お宮にのぼりが立つはずだが。」

こんなことを考えながらやってきますと，いつのまにか，表に赤い$_9$井戸

がある，兵十の家の前へきました。その小さな，こわれかけた家の中には，おおぜいの人があつまっていました。よそいきの着物を着て，腰に[10]手ぬぐいをさげたりした女たちが，表の[11]かまどで火をたいています。大きな鍋の中では，何かぐずぐずにえています。

「ああ，[12]葬式だ。」と，ごんは思いました。

「兵十の家のだれが死んだんだろう。」

おひるがすぎると，ごんは，村の墓地にいって，[13]六地蔵さんのかげにかくれていました。いいお天気で，遠く向こうには，お城の屋根瓦が光っています。墓地には，[14]ひがん花が，赤い布のようにさきつづいていました。と，村の方から，カーン，カーンと鐘が鳴ってきました。[15]葬式の出る合図です。

やがて，白い着物を着た[16]葬列の者たちがやってくるのがちらちらみえはじめました。話し声も近くなりました。葬列は墓地へいっていきました。人々が通ったあとには，ひがん花が，ふみおられていました。

ごんはのびあがってみました。兵十が，[17]白いかみしもをつけて，[18]位牌をさげています。いつもは赤いさつま芋みたいな元気のいい顔が，きょうはなんだかしおれていました。

「ははん。死んだのは兵十のお母《っかあ》だ。」

ごんは，そう思いながら，頭をひっこめました。

その晩，ごんは，穴の中で考えました。

「兵十のお母は，[19]床についていて，うなぎが食べたいといったにちがいない。それで兵十が[20]はりきり網を持ち出したんだ。ところが，わしがいたずらをして，うなぎをとってきてしまった。だから兵十は，お母にうなぎを食べさせることができなかった。そのまま，お母は，死んじゃったにちがいない。ああ，うなぎが食べたい，うなぎが食べたいとおもいながら，死んだんだろう。ちょっ，あんないたずらをしなければよかった。」

▼3 場面

兵十が，赤い井戸のところで，[21]麦をといでいました。兵十はいままで，お母とふたりきりで貧しいくらしをしていたもので，お母が死んでしまっては，もうひとりぼっちでした。

「おれと同じひとりぼっちの兵十か。」

こちらの物置のうしろからみていたごんは，そう思いました。

ごんは物置のそばをはなれて，向こうにいきかけました。どこかで，[22]いわしを売る声がします。

「いわしのやすうりだあい。いきのいい，いわしだあい。」

ごんは，その，いせいのいい声のする方へ走っていきました。と，弥助のおかみさんが[23]うら戸口から，「いわしをおくれ。」といいました。[24]いわし売りは，いわしのかごをつかんだ車を，道ばたにおいて，ぴかぴか光るいわしを両手でつかんで，弥助の家の中へもってはいりました。

ごんは，そのすきまに，かごの中から，五，六ぴきのいわしをつかみ出して，もときた方へかけ出しました。そして，兵十の家のうら口から，家の中へいわしを投げこんで，穴へ向かってかけもどりました。途中の坂の上でふりかえってみますと，兵十がまだ，井戸のところで麦をといでいるのが小さくみえました。ごんは，うなぎの[25]つぐないに，まず一つ，いいことをしたと思いました。

つぎの日には，ごんは山で栗をどっさりひろって，それをかかえて，兵十の家へいきました。うら口からのぞいてみますと，兵十は，ひるめしをたべかけて，茶わんをもったまま，ぼんやりと考えこんでいました。へんなことには，兵十のほっぺたに，かすり傷がついています。どうしたんだろうと，ごんが思っていますと，兵十がひとりごとをいいました。

「いったいだれが，いわしなんかをおれの家へほうりこんでいったんだろう。おかげでおれは，[26]盗人《ぬすびと》と思われて，いわし屋のやつに，ひどい目にあわされた。」と，ぶつぶついっています。

ごんは，これはしまったと思いました。かわいそうに兵十は，いわし屋にぶんなぐられて，あんな傷までつけられたのか。

ごんは，こう思いながら，そっと物置の方へまわって，その入口に，栗を置いてかえりました。

つぎの日も，そのつぎの日も，ごんは，栗をひろっては，兵十の家へもってきてやりました。そのつぎの日には，栗ばかりでなく，まつたけも，二，三ぼんもっていきました。

2）抽出語句の解釈と抽出理由

1 お百姓…現在の日本の労働形態から考えると，農業従事者よりも会社員の方が圧倒的に多く，地域差もあるが，一般的に農業従事者が小4の身近にそれほど多くない。また，「植木屋」「万屋」「仕立屋」「指物師」などと同様に，農業従事者に対する古風な言い回しである「お百姓さん」と呼称することも少ない。

2 いちじく…筆者の親類の家にイチジクの木があり，もぎ取りそのまま食べた思い出があるが，最近はマンション住まいも多く，庭にイチジクの木を見かけることもほとんどない。浅見・長縄・山田・鈴木（2002）にイチジクの好き嫌いの調査結果が年代別で示されている。20代以下の結果（有効数94・小数点第2位以下切り捨て）は，好き39.3%・どちらでもない34.0%・嫌い10.6%・食べたことがない15.9%に対して，70代以上の結果（有効数137・小数点第2位以下切り捨て）は，好き71.5%・どちらでもない20.4%・嫌い6.5%・食べたことがない1.4%であり，若年層にとってイチジクは身近な果物とはいえず，小4にとっても身近なものとは考えにくい。

3 おはぐろ…お歯黒は，江戸時代以降，既婚女性が歯を黒く染める行為であるが，その習慣は廃れ，現代では，芝居やその他体験的なものを例外として，日常的に行為に及んでいる人を見ない。

4 鍛治屋…鉄製品（農具・工具・刃物など）の製造とその修理に従事する人に対する職業名である。現在，鍛冶職人というと伝統技能を持つ名工をさす。鉄製品の大量生産による安価な製品が流通するようになり，結果，鍛冶屋を身近に見かけることはなくなった。

5 家内…「新兵衛の家内がかみをすいて……」とあることから，新兵衛の「妻」をさすことがわかる。夫が妻のことを呼ぶとき，「家内・妻・嫁・奥さん・女房・カミさん・内のが・〈名前〉」とその呼称は多岐にわたる。家内や奥さんは，「家にいる人・家を守る人・専業主婦」というイメージが強く，夫を「主人」というのに対して家内や奥さんは主従の「従」のイメージも伏せ持つ。現状，共働きが一般的となることで，徐々にその使用頻度が低くなっている。

6 かみをすいて…理容院や美容院での「髪をすく」行為は，客の「髪が伸びて全体に膨らんで（量がおおくなって）きたので，すいてください」に対して理容師・美容師は「すきバサミ」で「すく」，つまり，髪全体が重たいから軽くするために髪を減らす（間引きする）行為をさす。しかし，ここでの「髪をすく」は「梳き櫛（すきぐし）」で髪を整える行為をさす。小 4 が現代的意味で捉えると，葬式の準備としての意味合いにそぐわなくなる。

7 太鼓や笛の音…氏神（神社）等を中心とした地域に密着した形の祭りが全国的に減少傾向にあり，小 4 が，ここでいう祭りに参加した体験は少ないのではないか。また，祭りの際に太鼓や笛の演奏が伴うことは現状少なくなってきている。

8 お宮にのぼりが立つ…「お宮」ということばを聞く機会は少ないか。ただし，「お宮参り」は現在でもおこなわれており，音声表現としての「お宮」は聞いたことがある可能性は高い。しかし，「太鼓や笛」同様，祭りの際，その会場である「お宮」にその開催を意味する「のぼりが立」っている状況を小 4 が身近に見る機会は少ない。

9 井戸…昔話や物語，絵本やテレビで井戸を見たことはあろうが，現物を見る機会はそれほど多くない。見るためには，井戸を探す必要がある。ちなみに，筆者の幼少期は家の中に井戸があり，洗濯や湯船にためる水などに活用をしていた。

10 手ぬぐい…手ぬぐいが廃れたわけではないが，伝統的，古風な感は否めない。おそらく小 4 にはタオル，ハンカチの方が身近である。現在でも，祭りのねじり鉢巻き，剣道，農作業時のかぶりものなど，その用途は多く，具体物を見た体験はあるだろう。ただし，その物の名称が「手ぬぐい」だと認識している小 4 は少ないのでは。

11 かまど…煮炊きをするための調理用設備であるが，その設備を持つ家庭はほとんどない。「かまど」から小 4 が連想するものとして考えられるものは，炊飯器の「かまど釜」や「本家かまどや」のかまどであろうか。何かしらの昔体験をした，あるいは，昔話絵本や動画で視覚的に見たことなどがない小４には，火をくべてご飯を炊くイメージができない。

12 葬式…現代の葬式は，セレモニーホールを借りておこなうのが主流である。近所の住民が自宅に寄り集まって準備をし，式を執りおこなうことは減少していることから，「ごんぎつね」に描かれる葬式の様子のイメージはしにくい。

13 六地蔵…登下校時に，道端のお地蔵様を見たことのある小４もいるであろう。国語科授業における小学生とお地蔵様の出会いの場は，教材「かさこじぞう」である（一部教科書のみに掲載）。小４にとって「地蔵」はまったく知らないものではない。ただ，ここでいう「六地蔵」とは，地蔵菩薩が六道に行くために変えた，檀陀《だんだ》地蔵，宝珠地蔵，宝印地蔵，持地《じち》地蔵，除蓋障《じょがいしょう》地蔵，日光地蔵の６つの姿をさす（諸説あり）が，小４にとっては難解。今でもお墓にいくと，六体の地蔵が並んでいることも多い。愛知県半田市にある北谷墓地の入り口付近には，「ごんぎつね」にゆかりのある「岩滑の六地蔵」がある。

14 ひがん花…彼岸花は，田んぼの畔や土手に群生する花。彼岸には「春分・秋分前後に行う仏事」，「〔仏教で〕煩悩を脱して，悟りの境地に達すること。またその境地」（『新明解国語辞典　第６版』三省堂）とあることから，彼岸花は仏教との関わりが強い。曼殊沙華《まんじゅしゃげ》ともいうが，この表記も仏教的である。身近に咲く花であることから小４が彼岸花を見た体験はあるだろうが，その名称及び由来や仏教に関わるという知識は持たないことから，葬式・葬列と彼岸花の関係性まで捉えることはできない。

15 葬式の出る合図…現代における葬式（この場面では兵十の家からお墓に向けて出発するとき）の出る合図としては，霊柩車のクラクションである。鐘の合図とともに葬列が出発する体験を小４がする機会はほとんどない。

16 葬列…この場面では兵十の家から墓地に向かう道中の人々の列。現代は，おおよそセレモニーホール（通夜・告別式）→火葬場→セレモニーホール（あるいは自宅）→お墓（納骨）の順で，特に火葬場までは車移動，お墓への納骨時も車移動であり，徒歩による葬列は現在は一般的でない。

17 白いかみしも…葬儀に参列をするとき，古来，日本では白い喪服（白いかみしも）を着用していたが，現在は，喪主も含めて黒が一般的で，多くは洋装のスーツである。昔話や時代劇で「和装＋白の喪服」を垣間見ることはできるが，小４が時代劇を観ることはほぼなく，昔話に触れる機会もそれほど多くないことを考えると，「白いかみしも」は，なじみが薄い。小４の想像が及ぶのは，典型的な幽霊の姿である死装束（おでこに三角の白い布（天冠）を伴った白装束）であろうか。

18 位牌…仏教で死者の戒名や法名を書いた木の札のことであり，故人の魂が宿るものとされる。以前であれば，故人を偲ぶ法事のたびに位牌を取り出し，目に触れる機会も多かった。しかし，現在は，その位牌を安置する場所である仏壇がなく，目に触れる機会も少ない（仏壇がない場合，位牌はどのように扱っているのであろうか）。

19 床について…「床につく」や「寝床に入る」は現在あまり使われない表現。現在使われる表現を考えると「眠りにつく」「寝る」が一般的か。小４であれば，例えば「布団に入る」「ベッドに入る」「ゴロンとする」，幼児であれば「ねんね」「ねんねこ」「おねんねする」などの表現も使われる。ただし，ここでの床につくはゴロンとするとは意味合いが違う。葬式の場面であることを考え，その文脈から「病気になって寝込む」の意として読み取らせる必要がある。

20 はりきり網…大雨が降った後，川の増水時に使うウナギを取るための網。「ごんぎつね」（第１場面）でも，用途通りに場面が描かれている。小４の生活の場で見ることのない道具。

21 麦をといで…無洗米も増え米すら研がなくなってきている現在，家庭で麦を研ぐ機会はない。小４の「麦を研ぐ」は，「米を研ぐ」をイメージする。また，井戸のそばで研ぐ作業をすることは身近にはまずない。

22 いわしを売る声…現在，いわしを売り歩く姿をみることはないため，どのような文言をどのようなリズム・メロディーでいうのか想像がつかない。小 4 はさお竹屋，わらび餅の移動販売，廃品回収業者のスピーカーから流れる音声から想像するか。

23 いわし売り…22 と同様に，いわし売り自体見ることはない。

24 つぐない…ここでの償いは，罪滅ぼしや贖罪《しょくざい》の意であり，小 4 にとって，意味としても実感としても捉えにくい難語。

25 盗人…表現が古風。アニメや漫画では「どろぼう」，犯罪的には「空き巣」が使われており，「ぬすびと・ぬすっと」はなじみが薄い。

3）実感を伴わない語句の増加の弊害

「実感」は，実際に物事や情景・状況に直面したときに感じることである。実感を伴うためには，実際にそのことに接すること，つまり体験が必要となる。しかし，その体験の場がなければ，実感を得ることはできない。

例えば，「1 お百姓・2 いちじく・5 家内・10 手ぬぐい・12 葬式・13 六地蔵・14 ひがん花・25 盗人」などのものの名称は，小 4 の生活環境において体験の場は存在する。しかし，新旧の名称の違いやそのものの存在を意識しなければ，体験を踏まえた理解を促すことができない。

同じように，「6 かみをすいて・19 床について・24 つぐない」の行動や「7 太鼓や笛の音・8 お宮にのぼりが立つ・15 葬式の出る合図」の状況などは，周囲にいる大人が積極的に現代の語句に置き換えたり，現代の祭りなどの伝統文化行事の場に行ったりしない限り触れる機会はなく，体験を踏まえた理解を促すことができない。

中でも，「3 おはぐろ・4 鍛冶屋・9 井戸・11 かまど・16 葬列・17 白いかみしも・18 位牌・20 はりきり網・21 麦をといで・22 いわしを売る声・23 いわし売り」は，一般的な小 4 の生活環境において身近ではなく，そのものに触れる機会がそもそもない，その存在自体を知るすべがなく，体験を踏まえた理解を得ることはできない。

このように「ごんぎつね」には，現状の小 4 の生活環境で体験できない語句が多く存在する。しかし，体験的実感を伴う語句の増加は，文章内容の理解と読解力向上を支えるのみならず，その先にある人間関係形成や他者理解を支えることにつながる重要な学習要素であり，実感を得るための体験をどのように設定するかは重要な問題といえる。

3.2.4 実体験の場の設定と疑似体験の活用

語彙について，安達（2018）は，理解語彙，使用語彙という用語を挙げ，次のように解説している（p.22）。

理解語彙…個人に属する語彙について，聞いたり読んだりしてわかる語彙をいう。自分で使うことがなくとも，理解しうる語彙を含むゆえ，使用語彙よりもかなり多い。
使用語彙…個人の総語彙量のうちで，話すこと書くことにおいて使う。

先にも示したように，語彙は語全体のまとまりとしてみる名称で，その要素の第一に語句が存在する。このことを踏まえると，単語単体としての語句についても，「理解語句」と「使用語句」が存在するという考え方が成り立つ。

「理解語句」は，実生活で話したり書いたりする場で使用しない語句ではあるが，学習によってその概念や意味の理解ができ，聞いたり読んだりするために活用できる語句ということになる。一方で，「使用語句」は，概念や意味の理解をした上で，生活の場で実際に活用している語句ということになる。

この「理解語句」「使用語句」の２つの視点は，言語教育に関する学習計画を立てる上での重要な指針となる。ただ，児童側からみると，理解語句の中でも体験を経た実感的理解を持つ語句もあるだろうし，使用語句の中でも体験を経ずに単なる概念や意味の理解に留まりながらも使用している語句もあるだろう。他者とのコミュニケーションにせよ，文章読解にせよ，深い理解，深い学び，深い読みを得るために大切なことは，互いに共有できる語句を多く持つこと，できればそれが実感を伴った語句であることだと考える。そこで，「体験的語句」という新たな視点を提唱したい。何度もシュミレーションをしても，実際にやってみると思い通りにはならないことは多い。やはり，実体験を伴った学習活動は，確実な語句の定着に必要である。

とはいえ，すべての語句に対する実体験の提供はできない。「ごんぎつね」で示したように，児童・生徒の普段の生活における言語環境で実感することができない語句（死語のようなもの）が増えてきているのも事実であり，その代替として疑似体験という手立ても必要となる。よって，ここでいう「体験的語句」は，実体験と疑似体験により獲得した語句ということとする。

3.2.5 「体験的語句」学習を円滑に進めるための ICT 機器活用

「体験的語句」の学習において，例えば「たぬきの糸車」の授業をする場合，実際に糸車を持ってきて視覚的に確認するという方法はすでに行われている。これと同様に，先ほど示した「ごんぎつね」の場合，「2 いちじく・10 手ぬぐい・14 ひがん花・17 白いかみしも・20 はりきり網」などは，実物を準備して見せることはできる。また，「3 おはぐろ」をつける，「6. かみをすいて」みせたり，「19 床について」みせる，「21 麦をといで・22 いわしを売る声・23 いわし売り」を演じるなど，教員がそれらしく再現することは可能である。

しかし，「1 お百姓」さんを連れてくる，「4 鍛治屋・12 葬式・16 葬列」を教室に再現する，「9 井戸・11 かまど・13 六地蔵・18 位牌」を教室に持ってくるのはほぼ不可能である。また,「7 太鼓や笛の音・8 お宮にのぼりが立つ・15 葬式の出る合図」を実際に見せることも難しく，ましてや「25 盗人」を連れてくることはできない。

そこで活用したいものが ICT 機器である。インターネットに接続されたパソコンと電子黒板があれば，その場で検索もできる。また，事前に準備をしておけば，写真でみせたり，動画でその動きや状況をみせることもできる。さらに，文部科学省が推し進める 1 人 1 台タブレットが実現すれば，調べ学習もでき，児童・生徒自身が自ら必要な情報を得る主体的学習を展開することで，実体験と同等以上の疑似体験学習を構築することもできる。

実体験・疑似体験学習による語句習得は，前節でも述べたように「もの・ことの視覚的認識」「名称・呼称」「発音」「意味」「運用」を一体的に学ぶことができる効果的な学習方法といえる。

3.2.6　まとめ

ことばは新たに生まれ，一方で消え，常に変化し続けるものである。よって，以前は当たり前に使用していた語句や表現が，今は使用されていないこともまた必然である。めまぐるしく変化する社会において，教科書に掲載された昔話的教材の語句の理解とその継承の難しさを実感する。昔話的教材には，以前は当たり前に使用していたが現在使用しない語句が多く，読むために理解しなければならない語句が圧倒的に増えている。つまり，理解語彙が使用語彙を圧倒的に上回っており，児童・生徒にとって概念的理解により覚えなければならない語句が激増しているといえるのである。

この現状を打破するためには，実体験やICT機器などを活用した疑似体験によって，できる限り実感を伴った語句の定着を図ることが重要である。この「体験的語句」を土台にしなければ，よりよい人間関係形成や文章読解における深い理解，深い学び，深い読みを得ることはできないのである。

3.3 「対立・変化」と思考活動の起点の組み合わせによる物語読解構造の類型化
――類型を活用した対話的学習の実現への試論――

〔本節のキーワード〕
物語，思考活動，起点，教材，読みの観点，変化と対比，違和感，類型化，対話的学習，教材内容，読み手と教材内容の関係，理由，相違点

3.3.1 研究の前提――物語教材における読みの観点――

物語が成立するためには，主な登場人物と何かしらの出来事の設定が最低限必要となるが，その展開の面白みは，主な登場人物の自己葛藤や他者との関係性に起因する思考・心情・行動の変化や対立の描写の巧みさにある。

田近（2014）は，文学教材の教材研究（読み）の作業として，「人物を中心としたストーリー展開を整理しておく必要」（p.19）性と「物語を構成する重要なエピソードを取り出し，そのエピソード間の因果関係，あるいは相互関係を明らかにする」（p.19）ことの必要性を述べ，「小学校教材の場合は，人物を中心とした展開が，屈折したり変化したりしている場合が多い。[……]その屈折点で，何が原因で，どう変容・変化して，どのような結末を迎えたか」を把握する，つまり，「屈折点を中心に，物語を構成する因果関係を明らかにする」（p.20）ことの必要性を論じる。

また，佐藤（2012）は，説明文教材に着目し，対立的意見を比較して（対比的に）考えさせることの有効性を明らかにし，「この比較という方法は文学的文章の教材研究でも用いることができる」とし「A 主人公のはじめと終わりとの比較，B 理想人物と変革人物の比較，C 作品と作品の比較」と比較の3つの視点を示し，「二項対立でとらえる方法には汎用性がある」とする（pp.74－78）。

以上，田近，佐藤の論から，屈折点に起こる二項対立における因果関係は，読みの観点として重要といえる。

また，青砥（2011）は，自身とテクストの間にある読みの不適合が「認知的不協和」を生むことで，読みの再構成につながるとする。

読み手がテクストを解釈のために駆動している図式と，テクスト情報との間に不適合が知覚されるようなテクスト（部分）は，読み手に「認知的不協和」をもたらし，「別の解釈の可能性の探求」や「図式（パターン化された世界像や世界認識の方略パターン）そのものへの問い直しと再構成」を促すような言語活動を生み出しやすい（p.5）

ここでいう「図式」とは，青砥の言を借りれば「主体がある情報と対した際に発動するものの見方や考え方，その前提となる知識体系（世界像）」をさし，自分の考え方と教材本文の間に何らかの対立点が浮上する（「自分⇔教材本文」）場合に「認知的不協和」が起こりうるのである。ここから自分が教材と対峙したときに受ける違和感も重要な読みの観点といえる。

上記先行研究から，2 者間の対立関係に付随する内容の変容・変化，対立や違和感は，物語教材の読みや読みの再構成に必要な観点だといえるのである。

3.3.2　研究の目的と調査対象作品

前節では，2 者間の対立関係に付随する変容・変化，対立や違和感が読みには必要となることを述べた。この見解を前提に，教科書教材に現出する「変化」「対立」あるいは「違和感」を整理し，筆者の想定する思考活動の起点も含めた上での類型化を試みたい。

類型化に際しては，対象 6 作品に対する素材研究の結果，小学校校内研修などで提示された指導案，インターネット上に散見する指導案に示された教材解釈や設定された発問等を参考した。その結果，2 者間の対立関係は，「教材内容⇔教材内容」（教材内部で完結する対立的構造）と「自分←教材本文→他者」（教材の同一箇所に対する自分と他者の本文解釈の相違による対立的構造）の主に 2 つの状況において現出しやすいことがわかった。

本稿は，「教材本文⇔教材本文」と「自分←教材本文→他者」を分類の上位視点とし，類型化の結果を示すことを目的とする。

また，その結果から推測できる，類型を活かした対話的学習の可能性についての私見をも述べておきたい。

以下，本稿において調査対象とする作品は，以下の6作品である。

〈調査対象作品と出典一覧〉

・ハンス・ウィルヘルム「ずうっと，ずっと，大すきだよ」〈小1教材〉
『ずーっと ずっと だいすきだよ（絵本）』（久山太市訳，評論社，1988年）

・李錦玉「さんねん峠」〈小3教材〉
『さんねん峠（絵本）』（岩崎書店，1981年）

・新美南吉「ごんぎつね」〈小4教材〉
『新編 新美南吉代表作集』（半田市教育委員会，2012年，pp.16－23）

・宮沢賢治「注文の多い料理店」〈小5教材〉
『注文の多い料理店 イーハトーヴ童話集（岩波少年文庫10）』（岩波書店，2000年，pp.51－70）

・太宰治「走れメロス」〈中1教材〉
『太宰治集（日本文学全集70）』（集英社，1967年，pp.326－335）

・芥川龍之介「羅生門」〈高1教材〉
『芥川龍之介集（日本文学全集28）』（集英社，1966年，pp.9－15）

3.3.3 「教材本文⇔教材本文」関係の事例と類型化

ここでは，「教材本文⇔教材本文」関係の事例を6作品から抽出し，その類型化を試みる。以下，【関係】における「⇔」は対立関係を示す。

1）「教材本文⇔教材本文」の関係事例

事例1「ずうっと，ずっと，大すきだよ」

ぼく：ねるまえには，かならず，「エルフィー，ずーっと，だいすきだよ」っていってやった。

家族：みんなはエルフのことだいすきだった。すきなら，すきと，いってやればよかったのに，だれも，いってやらなかった。

【関係】「すきという⇔すきといわない」

事例２「ずうっと，ずっと，大すきだよ」

ぼく：ぼくのせが，ぐんぐんのびる

エルフィー：どんどん，ふとっていった

【関係】「成長⇔老い」

事例３「ずうっと，ずっと，大すきだよ」

ぼく：ずーっと，だいすきだよ

ぼく：ずーっと，ずっと，だいすきだよ

【関係】「限定物に対する気持ち⇔広範に対する気持ち」

事例４「さんねん峠」

おじいさん：さんねん峠で転ぶでない。さんねん峠で転んだならば，さんねんきりしか生きられぬ。

トルトリ：一度転ぶと，さんねん生きるんだろ。二度転べば六年，三度転べば九年，四度転べば十二年。

【関係】「転ぶと死ぬ⇔転ぶと生きる」

事例５「ごんぎつね」

ごん：あたりの村へ出てきて，いたずらばかりしました。／びくの中の魚をつかみ出しては，はりきり網のかかっているところ下手の川の中を目がけて，ぽんぽんなげこみました。

ごん：あんないたずらをしなけりよかった。／ごんは，うなぎのつぐないに，まず一つ，いいことをしたと思いました。

【関係】「いたずらがだいすき⇔いたずらを後悔しいたずらをやめる」

事例６「ごんぎつね」

加助：まいにち神さまにお礼をいうがいいよ。

ごん：こいつはつまらないなと思いました。

【関係】「贈り物は神さまの行為⇔贈り物はごんの行為」

事例７「注文の多い料理店」

紳士：(扉に書いてある様々な注文を踏まえて）西洋料理を，来た人に食べさせる

山猫：来た人を西洋料理にして，食べてやる

【関係】「西洋料理を食べるための行為⇔紳士を食べるための下ごしらえ」

事例８「走れメロス」

メロス：花嫁の衣装やら祝宴の御馳走やらを買いに，はるばる市にやって来たのだ。

メロス：市を暴君の手から救うのだ。

【関係】「一牧人として買い物に⇔市を暴君ディオニスから救う」

事例９「走れメロス」

メロス：「気の毒だが，正義のためだ！」と猛然一撃，たちまち三人を殴り倒し……

メロス：何もかも，ばかばかしい。私は，醜い裏切り者だ。どうとも，勝手にするがよい。

【関係】「正義・勇者⇔悪徳・裏切り者」

事例 10「羅生門」

下人：盗人になるより外に仕方がないということを積極的に肯定するための，勇気が出ずにいたのである。

下人：あらゆる悪に対する反感が，一分ごとに強さを増してきた。／悪を憎む心は，老婆の床に挿した松の木片のように，勢いよく燃え上がりだしていたのである。

下人：では，己が引剥をしようと恨むまいな。己もそうしなければ，餓死をする体なのだ」／足にしがみつこうとする老婆を，手荒く死骸の上へ蹴倒した。

【関係】「悪に陥ることへのためらい⇔悪を憎む⇔悪事を働く」

事例 11「羅生門」

老婆：この髪を抜いてな，この髪を抜いてな，鬘にしようと思うたのじゃ

下人：また前の憎悪が，冷ややかな侮蔑といっしょに，心の中へ入って来た。

老婆：死人の髪の毛を抜くということは，何ぼう悪いことかもしれぬ。じゃが，ここにいる死人どもは，皆，そのくらいなことされてもいい人間ばかりだぞよ。

下人：では，己が引剥をしようと恨むまいな。己もそうしなければ，餓死をする体なのだ」／足にしがみつこうとする老婆を，手荒く死骸の上へ蹴倒した。

【関係】「行動の必然性⇔行動への憎悪と侮蔑⇔行動の正当化＝同意」

2)「教材本文⇔教材本文」関係における類型化の試み

事例 1～10 に示した【関係】をもとに，2 者間の関係性の整理と類型を示す。整理に際して，2 者を「X」「Y」で示す。

事例 1「すきという⇔すきといわない」…X⇔Y
事例 2「成長⇔老い」…X⇔Y
事例 3「限定物に対する気持ち⇔広範に対する気持ち」…X1⇔X2
事例 4「転ぶと死ぬ⇔転ぶと生きる」…X⇔Y
事例 5「いたずらがだいすき⇔いたずらを後悔しいたずらをやめる」…X1⇔X2
事例 6「贈り物は神さまの行為⇔贈り物はごんの行為」…X⇔Y
事例 7「西洋料理を食べるための行為⇔紳士を食べるための下ごしらえ」…X⇔Y
事例 8「一牧人として買い物に⇔市を暴君ディオニスから救う」…X1⇔X2
事例 9「正義・勇者⇔悪徳・裏切り者」…X1⇔X2
事例 10「悪に陥ることへのためらい⇔悪を憎む⇔悪事を働く」

…X1⇔X2⇔X3

事例 11「行動の必然性⇔行動への憎悪と侮蔑⇔行動の正当化＝同意」

…X1⇔Y1⇔X2⇔Y2

事例 1〜11 から，「教材本文⇔教材本文」における対立内容は，「X⇔Y」（事例 1・2・4・6・7）の 2 者間の思考・行動の「対立」による場合，「X1⇔X2」（事例 3・5・8・9），「X1⇔X2⇔X3」（事例 10）の同一人物の思考・行動の「変化」による場合，その複合系として「X1⇔Y1⇔X2⇔Y2」（事例 11）の場合が認められた。これに筆者の想定する思考活動の起点（読み学習の入り口・拠り所）も含めて類型化したものが図表 18a〜18d である。

図表 18a〜d に示したように，筆者の想定する思考活動の起点は，2 者間の思考・行動の対立を生んだ「理由」と，同一人物の思考・行動に変化をもたらした「きっかけ」である。想定の根拠は，対立や変化に対して「理由」や「きっかけ」を問うことが最も基本的な課題となるからである。これは，例えば「さっきまで笑っていた赤ちゃん」が「急に泣きだした」場合，周囲の大人は「○○ちゃん，どうしたのかな？（なぜ泣き出したのだろう……）」と，泣き出すことに至った「理由」や「きっかけ」を探ろうとすることからもわかる。

図 18a は，人物 X と人物 Y の 2 者間の対立に違和感を持ち，ここに生まれる対立の「理由」が思考活動の起点となる。また，図表 18b は，同一人物の変化に起因する関係で，変化を生むに至った「きっかけ」が思考活動の起点となる。

類型は，全部で 4 類だが，18c，18d は，18a，18b の組み合わせ（複合）であることから，18a（人物 X⇔Y），19b（人物 X1⇔Y1）を基本類型とし，18c（人物 X1⇔X2⇔X3 型），18d（人物 X1⇔Y1⇔X2⇔Y2 型）を派生類型とする。

3.3.4 「自分←教材本文→他者」関係の事例と類型化

ここでは，「自分←教材本文→他者」関係の事例を 6 作品から抽出し，その類型化を試みる。以下，【関係】における「⇔」は対立関係を示す。

図表 18a　人物 X⇔Y 型

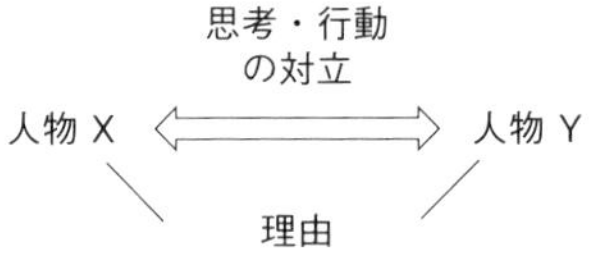

図表 18b　人物 X1⇔X2 型

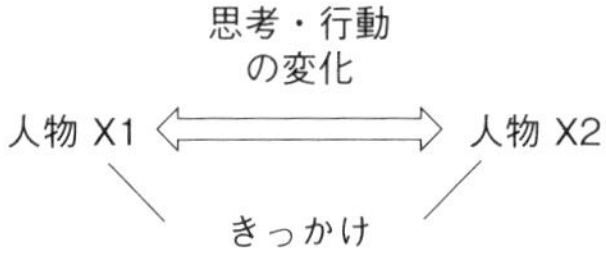

図表 18c　人物 X1⇔X2⇔X3 型

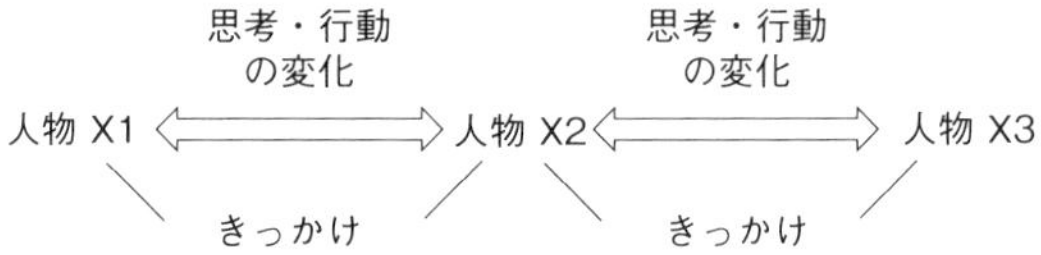

図表 18d　人物 X1⇔Y1⇔X2⇔Y2 型

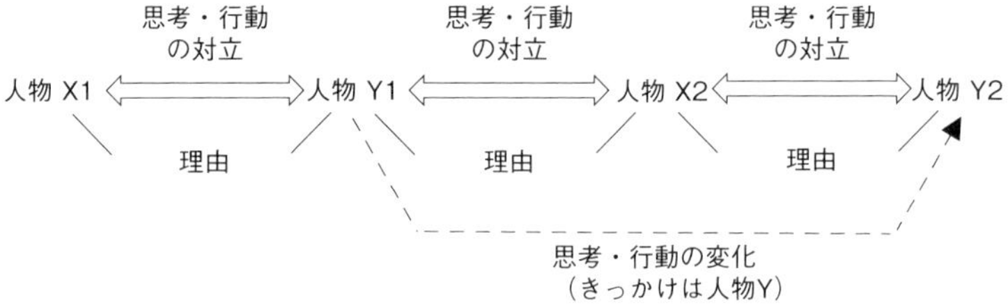

1）「自分←教材本文→他者」の関係事例

事例 12「さんねん峠」

基本文…なおるとも。さんねん峠で，もう一度転ぶんだよ。

問い…トルトリは，なぜ「もう一度転ぶ」とおじいさんが長生きできると考えたのですか。

解釈 1：さんねん峠で転ぶと 3 年しか生きられないということは，一回転ぶと 3 年生きることができるのだと考えたから。

解釈 2：トルトリは精米や粉を引く水車屋で働いているが，水車を眺めているうちに，水車が回ると生きるために必要なものを作り出すことに気づき，回る（転ぶ）ことは生きることにつながると考えたから。

事例 13「さんねん峠」

基本文…さんねん峠のぬるでの木のかげで,「えいやら…めでたい」と歌ったのは，だれだったのでしょうね。

問い…歌ったのは誰だと思いますか。

解釈１：神様・仏様など

解釈２：村の人々

解釈３：トルトリ

※光村図書教科書は，基本文で終わるが，今回底本とした絵本には，基本文のあとに,「先回りしたトルトリが歌った」との記述あり。

事例 14「注文の多い料理店」

基本文…しかし，さっき一ぺん紙くずのようになったふたりの顔だけは，東京に帰っても，お湯にはいっても，もうもとのとおりになおりませんでした。

問い…東京に帰っても，二人の紳士の顔だけは，もとのとおりになおらなかったのはなぜでしょうか。

解釈１：ふたりの紳士を懲らしめるために，顔が元通りにならないようにした。

解釈２：紳士のもともとの性格が悪くて，東京に帰ってもその性格が治らなかったから，それに合わせて顔も戻らなかった。

事例 16「ごんぎつね」

基本文…いま戸口を出ようとするごんを，ドンと，うちました。ごんは，ばたりとたおれました。

問い…ドンとうたれたごんに対して，あなたはどのような感想を持ちましたか。6 場面全体を読んで考えましょう。

解釈１：一生懸命に栗を運んできたのに，うたれてかわいそう。

解釈２：自分が栗を運んできたことを最後に兵十さんに気づいてもらえてよかった。

事例 17「走れメロス」

基本文…「さては，王の命令で，ここで私を待ち伏せしていたのだな」山賊たちは，ものも言わずにいっせいに棍棒を振り挙げた。

問い…山賊たちは，王の命令でメロスを襲ったのでしょうか。

解釈 1：メロスに帰ってきてもらうと政治をおこなう時に困るから，メロスの行く手をふさぐために王が命令を出して山賊を送り込んだ。

解釈 2：もし王の命令なら，メロスが帰ってくることを信じていたことになるから，王の命令ではなく，たまたま襲われた。

解釈 3：川の氾濫は物理的障壁，山賊が人との関係からくる外的障壁，心身ともに疲れ切って動けなくなるのが自己との戦いで，作者は，人間が人生で乗り越えるべき障壁を描きたかったから，王の命令は関係ない。

事例 18「羅生門」

基本文…「盗人になるより他に仕方がない」ということを，積極的に肯定するだけの，勇気が出ずにいたのである。

問い…「盗人になるより他に仕方がない」ということをわかっていながら，そうする勇気が出ずにいたのはなぜですか。

解釈 1：生きていくために残された道は盗人になることだとはわかっているが，善人であるためには餓死するよりほかはないという気持ちも同時にあり，相反する想いにより葛藤しているから。

解釈 2：これまで地道に多くを求めず下人として働いてきたから，悪人になることがためらいがあったから。

解釈 3：盗人になったとしても，生きていけるかどうかもわからず，盗人として生きていく自信がなかったから。

2)「自分←教材本文→他者」関係における類型化の試み

事例 12〜18 が，「自分←教材本文→他者」関係における代表的な事例である。事例からもわかるように，対立関係は，同一本文・同一の問いに対する解釈の違いに存在することがわかる。これに筆者の想定する思考活動の起点

図表 19a　根拠 X⇔Y 型

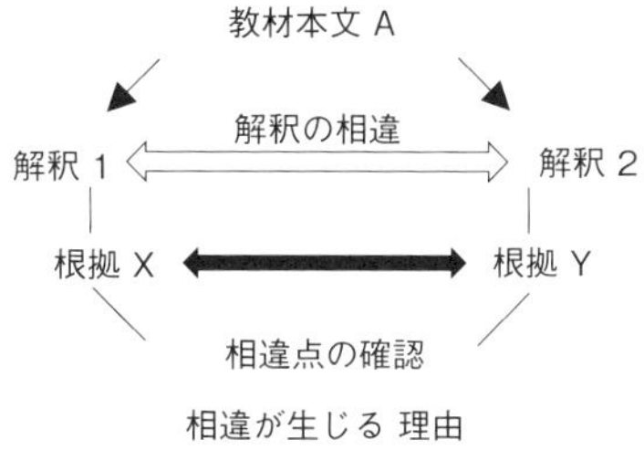

図表 19b　根拠 X⇔Y⇔Z 型

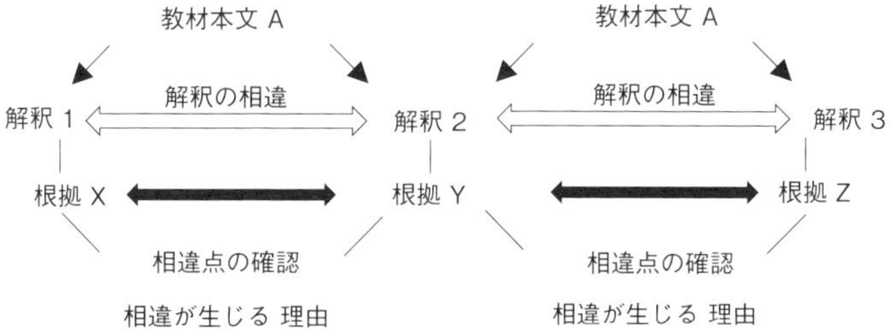

も含めて類型化したものが図表 19a・19b である。

図表 19a・19b に示したように，筆者の想定する思考活動の起点は，同一本文・同一問いに対する「解釈の相違」それを土台とした「相違が生じる理由」である。

図表 19a から，解釈 1 と解釈 2 の 2 者間の対立を土台に「根拠」の対立が生じ，それを起因とする「相違が生じる理由」が課題として浮かび上がってくることがわかる。つまり，解釈・根拠に違和感を持ち「相違が生じる理由」をぶつけ合い，結論へと至る活動が，「自分←教材本文→他者」の関係における思考活動の起点となる。

類型は，2 類だが，19b は，19a の組み合わせ（複合）であることから，19a（根拠 X⇔Y 型）を基本類型とし，19b（根拠 X⇔Y⇔Z 型）を派生類型とする。

3.3.5　類型を活かした対話的学習の可能性に対する私見

教科書教材をもとに，物語読解構造の類型化を試みた。その結果，物語の基本構造ともいえる「対立」「変化」に起因する違和感を解消するためには，「理由」「きっかけ」「解釈の相違」「根拠の相違」「相違が生じる理由」を思考活動の起点とすることは有効と考える。

前掲，図表 18a・18b を活用した学習は，すでに当たり前のようにおこなわれる学習活動であり，また。図表 19a についても，解釈の違いと根拠のぶつけ合いまではすでにおこなわれている学習活動であることから，取り立てて注目すべき点はない。

しかし，今回の類型化によって，気づいたことは次の 2 点ある。

ひとつは，図表 18d の 2 者間の対立が繰り返されることによる，児童・生徒自身の主体的学習や対話的学習が提供できていないということである。隣接する関係性は，児童・生徒の気づきによる学習が展開されやすいが，物語全体を見渡した場合は，教師主導に陥りやすい傾向にある。文章全体における対立の繰り返し構造を図表 18d のように視覚的に捉える手立てを施す必要がある。

もうひとつは，図表 19a の相違点の確認と相違が生じる理由をもとにした対話の時間がそれほど確保されていないということである。実践の場では，根拠の提示までは丁寧におこなわれているものの，相違が生じる理由について膝を突き合わせて対話し解決に向かう活動までは提供できていないのである（時間的制約もあることから仕方のないことであるかもしれないが）。

学習指導要領（平成 29 年）の「総合的な学習の時間」の目標に「自ら課題を見付け，自ら学び，自ら考え，主体的に判断し，よりよく問題を解決する資質や能力を育成する……」とあるように，これからは与えられた課題の解決のみならず，課題発見をはじめとし，それを問題として，自ら解決することが求められる。

本稿で示した物語読解構造の類型は，物語の読みにおいて自ら課題を発見するためのひとつの手がかりとなり得ると考えるのである。

今後の課題として，類型を活用した読みの学習計画を立て，実践を通して具体的活用法を探ることが必要となる。

3.4　本文異同を活用した教材の実践的研究

〔本節のキーワード〕

学習指導要領，主体的・対話的で深い学び，ごんぎつね，草稿，定稿，本文異同，教材解釈，教材の価値，発問例

3.4.1　研究の背景と目的

平成29年に学習指導要領が告示，幼稚園は平成30年度より全面実施，小学校課程も令和2年度に実施初年を迎えた。

今後，具体的各教科で様々な方法を試すことを通してよりよい授業方法を確立することが国語科においても急務となる。

国語科に対し文部科学省（2017）は，「発達の段階に応じた，語彙の確実な習得，意見と根拠，具体と抽象を押さえ考えるなど情報を正確に理解し適切に表現する力の育成（小中：国語）」（p.41）と記している。ここから，学習指導要領（平成29年）実施に向け，国語科において，①語彙の習得すること，②情報を正確に理解すること，③情報を適切に表現することの3点を重視した授業の開発が必要となる。

また，今回の改訂において，学習指導要領改訂の方向性として「カリキュラム・マネジメント」（教育課程編成）と「主体的・対話的で深い学び」（学習過程の質的改善）の2つの考え方が示されたが，特に教科教育で重要となるのは後者である。

「主体的・対話的で深い学び」の実現については，学校現場においても喫緊の問題として捉え，多くの講習会や研修会への参加，校内研修における実践と改善検討会がおこなわれている。筆者も教員研修会等での講演や助言で教育現場と関わることが多いが，研修内容の多くが，国語科における「主体的・対話的で深い学び」はどうあるべきかである。

現職教員の意識として研修の核に据えているのは「主体的・対話的」が多いが，筆者が重視しているのは「深い学び」をどう捉えるかである。それは，

「主体的・対話的」を核に据えると，児童に対する思考の丸投げや話し合い活動をすれば対話的であるという形式的なものに陥ってしまう可能性が高いからである。今回の改訂で重要なことは，児童の知識・教養の確実な習得，次世代に生きるための能力の向上である。そのためには，児童自身が「深い学び」を得た実感を伴う学習活動の提供が不可欠となる。形式的なものではなく実質的な授業展開が求められる，つまり授業の質的改善が今回の学習指導要領改訂の最も重要な点なのである。文部科学省（2017）は，「深い学び」を実現するための教員の姿勢について次のように記している。

○　質の高い深い学びを目指す中で，教員には，指導方法を工夫して必要な知識・技能を教授しながら，それに加えて，子供たちの思考を深めるために発言を促したり，気付いていない視点を提示したりするなど，学びに必要な指導の在り方を追究し，必要な学習環境を積極設定していくことが求められる。（p.24）

つまり，「深い学び」を得るのは児童である。知識・技能の教授，指導のあり方や工夫，学習環境の設定など様々な視点から検討し，「深い学び」をどう促すかを考えることが移行期間に教員がおこなうべき責務である。

そこで本稿は「深い学び」を促す方策のひとつとして，新美南吉「ごんぎつね」の草稿と定稿の比較読みによる具体的発問の提示を目的とする。

3.4.2 「ごんぎつね」の教材価値と「主体的・対話的で深い学び」との関連

「ごんぎつね」は，小学校教材として長年教科書に掲載され続けてきた定番教材のひとつである。本作品を初めて採用したのが大日本図書であり，その掲載は 1956（昭和 31）年に遡る。その後，全国的に採択率の高い光村図書の教科書でも 1971（昭和 46）年から，現在に至るまで教材として採用し続けている。これまで幾度もの学習指導要領改訂による学習の概念の変化を経てもなお「ごんぎつね」が採用されていることからも，本作品が様々な要望に応え得る汎用性・応用性の高い教材であることがわかる。

この「ごんぎつね」には，新美南吉の書いた「権狐」と『赤い鳥』に掲載された鈴木三重吉の校訂を経た「ごん狐」の２種類が存在し，前者が草稿，後者が定稿と呼ばれている。現在教科書に採用されている本文は，後者の定稿本文の字句等を小学校４年生向きに書き改めたもので，これによって授業が展開されているのである。

ここでは，「ごんぎつね」の教材としての価値と学習指導要領に求められる「主体的・対話的で深い学び」とはどう関連付けられるかを述べる。また，現状の授業における「ごんぎつね」の主要発問例および，「主体的・対話的で深い学び」を構築していく上での解決すべき課題を示しておく。

1)「ごんぎつね」の草稿・定稿の教材としての価値

馬場（2012 : p.80）は，「ごんぎつね」の国語科教材としての価値について，次のように述べる。以下，引用本文中の下線と通番は引用者による。

> 優れた文学作品にはみな同様のことが言えるが，『ごんぎつね』にあってもその(1)「解釈」は実に多様であり，(2)読み手に応じた様々な意見が引き出せるという特性を持つ。(3)読みやすい「物語」でありつつ，考えさせられる教材。定番化の所以である。「教室」での子どもたちの活発な発言を望む多くの教師にとって『ごんぎつね』は，(4)発問しやすく意見交換の場を容易に設定できるというメリットを持つ。例えば，作品末尾，果たしてごんと兵十とは分かり合えたのかどうか。

作品の結末である第６場面は特に意見交換をおこなう発問が想定しやすく，教師にとって扱いやすい教材であるとする。その扱いやすさは，「ごんぎつね」の本文が草稿から定稿へと改稿されたことによる不確定さに起因することを指摘している。

また，草稿と定稿の本文異同とその価値については，鶴田（2005）に詳しいが，その内容を踏まえた上で，荻原（2014 : pp.228－229）は，馬場同様，第６場面に注目し，草稿と定稿の本文の特徴的異同箇所である「目をつぶったままうれしくなりました【草稿】」と「目をつぶったままうなずきました【定稿】」の本文異同を取り上げ，文学教材の価値として次のように述べる。

> 草稿「権狐」は，『赤い鳥』掲載時における三重吉の手入れによって新たな魅力を増したといえる。[……] 定稿「ごん狐」は，国語科教材「ごんぎつね」となって (5) 教師と学習者の間でより深い読みを生成している・第六段落の「ごん」が兵十に銃で撃たれる場面は，(6) 教材・教師・学習者が一体となってクライマックスに到達することができる。

同じく荻原（2014 : pp.228－229）は，第６場面の〔ごんは，ばたりとたおれました。兵十はかけよってきました。〕部分を取り上げ，鶴田（2015）が提示する「かけよっていきました」ではなく「かけよってきました」とする本文に対する課題を踏まえて，教材としての価値を次のように述べる。

> (7) 学習者が，「ごんぎつね」の作品世界に深く入り込み，「ごん」を含めた登場人物の視点を精緻に読み進めていくことから生じた疑問で，(8) 学習者に作品の構造や表現のあり方を考えさせ，作品がどのように書かれているかをとらえさせるという点においても，教師の圧倒的な支持をうける教材であることがわかる。

この指摘からもわかるように，「ごんぎつね」の結末となる第６場面だけでも，様々な視点からの授業が可能であることがうかがえ，作品全体の教材研究を踏まえたとき，その教材としての価値は高いといえる。

また，馬場の「草稿から定稿へと改稿されたことによる不確定さに起因する教材としての扱いやすさ」や，荻原の「第６場面の草稿と定稿の本文異同〔目をつぶったまま，うれしくなりました【草稿】うなずきました【定稿】〕部分の比較読みから，例えば，「どちらの本文の方がよいか。」，「なぜ，“うれしくなりました”を“うなずきました”と書き換えたのか」などの主体的思考活動を促す発問が想定できる」ことを踏まえると，草稿と定稿の比較読みという観点から生まれる発問は，両者の教材としての価値は高いことを裏付ける指摘である。

馬場と荻原の指摘から，学習者である児童にとっても授業者である教師にとっても「ごんぎつね」の草稿と定稿は，存在価値の高い教材といえる。

2)「主体的・対話的で深い学び」はどう関連付けられるか

先に示した馬場と荻原の指摘（引用部分）に付した下線部（1）～（8）を抜き出すと以下となる。

(1)「解釈」は実に多様
(2) 読み手に応じた様々な意見が引き出せる
(3) 読みやすい「物語」でありつつ，考えさせられる教材。
(4) 発問しやすく意見交換の場を容易に設定できる
(5) 教師と学習者の間でより深い読みを生成している
(6) 教材・教師・学習者が一体となってクライマックスに到達することができる。
(7) 学習者が，「ごんぎつね」の作品世界に深く入り込み，「ごん」を含めた登場人物の視点を精緻に読み進めていくことから生じた疑問
(8) 学習者に作品の構造や表現のあり方を考えさせ，作品がどのように書かれているかをとらえさせる

学習指導要領が改訂される以前の馬場（2012）と荻原（2014）の指摘は，すでに「主体的・対話的で深い学び」の内容を含んだものとなっている。以下，両氏の指摘と「主体的・対話的で深い学び」が，どのように関連しているかを示していく。

(1) について
＊「「解釈」は実に多様」は，主体的思考を促す要素を含む。…①
(2) について
＊「読み手に応じた様々な意見が引き出せる」は，主体的思考を促す要素を含む。…②
(3) について
＊「読みやすい「物語」でありつつ，考えさせられる教材」は，主体的

思考を促す要素を含む…③

(4) について

＊「発問しやすく意見交換の場を容易に設定できる」は，対話を促す要素を含む。…④

(5) について

＊「教師と学習者の間で」は，対話的要素を含む。…⑤

＊「より深い読みを生成」は，深い学びをさす。…⑥

(6) について

＊「教材・教師・学習者が一体となって」は，対話的要素を含む。…⑦

(7) について

＊「学習者が，「ごんぎつね」の作品世界に深く入り込み」は，主体的要素を含む。…⑧

＊「(学習者が，)「ごん」を含めた登場人物の視点を精緻に読み進めていくことから生じた疑問」は，主体的要素を含む。…⑨

(8) について

＊「学習者に作品の構造や表現のあり方を考えさせ」は，主体的要素を含む。…⑩

＊「作品がどのように書かれているかをとらえさせる」は，主体的思考を促す要素を含む。…⑪

このように馬場，荻原の指摘内容を「主体的・対話的で深い学び」と関連付けると，主体的（①②③⑧⑨⑩⑪），対話的（④⑤⑦），深い学び（⑥）となり，荻原の指摘が鶴田（2005）を踏まえたものである点も考慮すると，「ごんぎつね」は，主体的学びを促す要素を多く含む教材といえる。

ただ，一方で，「ごんぎつね」の教材としての価値を引き出すためには，対話のための活動について「意見交換の場の設定」の工夫や「教材・教師・学習者，教師と学習者がどのように一体となって」学ぶための具体的方法の検討，「深い学び」に関わる「より深い読みを生成」ということばの持つ意味を明らかにし，どのような工夫によって深い読みを得させるかを考えることも重要となる。

3）従来の授業における主な発問例と改訂学習指導要領実施に向けた課題

学習指導要領改訂に向けた議論の中で，アクティブラーニングという用語が使われるようになって以降，国語科の発問も児童の主体的活動を意識したものが増えつつある。

しかし，「ごんぎつね」の学校現場における発問は，例えば6場面を例に取ると，以下に示す①～⑮ような，語句の意味を具体化する発問，内容を押さえる確認的な発問，あるいはいくつかの発問を積み上げ考える段階的な発問が中心となっている。

以下の発問例の①～⑤は光村図書（2016）に示された発問であり，⑦～⑮については，これまで参観した授業や配布された手持ちの指導案等から取り出したものである。

【発問例（第6場面）】

①場面や人物の行動，気持ちを表にまとめましょう。

②前の場面で「引き合わない」と思ったごんは，どんな気持ちで栗を持って兵十の家に行ったのでしょうか。

③兵十は，ごんがうちの中に入っていくのを見て，何を思いましたか。

④土間の栗が目についてからの兵十の気持ちを考えましょう。

⑤うなずいたときのごんの気持ちを考えましょう。

⑥ごんは兵十のうちに最初何を持っていったのですか。次に何を持っていきましたか。

⑦なぜ，持って行くものを変えたのですか。

⑧「縄をなう」はどういうことをすることか知っていますか。

⑨兵十はなぜいたずらをしに来たなと思ったのですか。

⑩ごんは兵十のいうように，いたずらをしに来たのですか。

⑪「取り落とす」とはどういう意味ですか。

⑫ごんは，ほんとうに不幸せだったのでしょうか。

⑬ごんは結局幸せだったのですか，そうでなかったのですか。

⑭煙は白いイメージですが，なぜここでは「青い煙」という表現になっ

ているとと思いますか。

⑮「青い煙」は何を表していますか。

ここに示した①～⑮は,「ごんぎつね」の内容読解において必要な発問であるが，発問の扱い方によっては表面的読みに終始し「浅い学び」に終わってしまう。児童自身が課題意識を持ち「主体的・対話的」に活動するためのもう一工夫をどうするかが「深い学び」を引き出すための鍵となり，基本的発問にどのような工夫を施すかが今後の課題となる。

3.4.3　対象教材と研究方法

冒頭にも述べたように，本稿の目的は「深い学び」を促す方策のひとつとして,「ごんぎつね」の草稿と定稿の比較読みによる具体的発問の提示をおこなうことである。前節で述べたように，表面的な読みによる浅い学びから脱却できないことが国語科における発問の問題点である。今回の学習指導要領の改訂で文部科学省が重視することは,「子供たちの思考を深めるために発言を促したり，気付いていない視点を提示したりする」ことである。そのためには，児童自ら疑問や課題を見いだし，情報を得ながら，様々な可能性を想定して考え（仮説を立て)，検証できる発問が必要となる。

1）対象教材について

発問の検討に際して土台とする「ごんぎつね」の草稿と定稿本文は，山本(2016）に付された資料②「草稿「権狐」→『赤い鳥』版「ごん狐」」である。また，必要に応じて『国語 四下　はばたき』（光村図書出版，2017 版）を参照した。

草稿「権狐」は，代用教員をしていた頃に執筆用の「スパルタノート」といわれるものに記した新美南吉自筆の元原稿である。

1931（昭和 6）年 10 月 4 日の日付で「権狐「赤い鳥に投ず」」とあるように，鈴木三重吉が主催していた『赤い鳥』に投稿，審査を経て 1932（昭和 7）年 1 月号に「ごん狐」として掲載されたものである。ただし，三重吉校訂の『赤い鳥』掲載本文は，南吉が投稿した本文とは多く異なる。現在，三重吉校訂本文が一般に広く知られたことから，南吉本が草稿，三重吉校訂本が定稿と呼ばれている。

つまり，「ごんぎつね」は，草稿本と定稿本の２種類が存在しているのであるが，教科書は，定稿本を底本とし，学年に応じて漢字表記・用字など一部修正したものを教材として用いているのである。

2）研究方法と本稿における「深い学び」の定義

山本（2016）資料②において，特に第６場面に注目し「ものや心情に対する形容」，「心情や行動」，「場面や状況」，「固有の名称」，「本文の削除や追加」を視点に本文異同のある箇所を取り出した上で，「深い学び」を得るための発問を提案する。

発問作成において明確にしておかなければならないのが，「深い学び」の捉えである。ここで本稿における「深い学び」を定義づけておきたい。

「深い学び」について文部科学省は具体的に示しておらず，研究者や実践者によりその定義の揺れが大きく，いまだ精選されていないのが現状で，これという決定的な定義は示されていない。紙幅の都合上，ここでは筆者の見解の概略とその定義の骨格部分のみを示すに留め，詳細については，稿を改めたい。

文部科学省（2017：p.22）は，「深い学び」について次のように解説している。以下，引用本文中の下線は引用者による。

> 【深い学び】
> 習得・活用・探究という学びの過程の中で，各教科等の特質に応じた「見方・考え方」を働かせながら，a知識を相互に関連付けてより深く理解したり，b情報を精査して考えを形成したり，c問題を見いだして解決策を考えたり，思いや考えを基に創造したりすることに向かう「深い学び」が実現できているか。
> 【例】
> ・事象の中からc自ら問いを見いだし，課題の追究，課題の解決を行う探究の過程に取り組む

・精査した情報を基に自分の考えを形成したり，目的や場面，状況等に応じて d 伝え合ったり，考えを伝え合うことを通して集団としての考えを形成したりしていく
・感性を働かせて，思いや考えを基に，豊かに意味や価値を創造していく

この解説のうち，筆者の見解として「深い学び」の具体的内容といえる箇所に引いた下線部をもとに何が「深」ければいいのかを考えると，a から「理解」，b から「考えの形成」，c から「探究・追究」，d から「つながり」の 4 つを重視しており，「豊かな意味や価値の創造」が求められていることがわかる。よって，本稿では「深い学び」を，a 深い理解，b 深い考えの形成，c 深い探究・追究，d 深いつながりの 4 つの学びとする。

3.4.4　本文異同と深い学びを促す発問

山本（2016 : pp.1 − 12）資料②にまとめられた草稿と定稿との比較結果を見ると，語句の挿入・削除，文や語句の配置換えや置き換え，句読点の挿入など改訂の度合いの大小はあるものの鈴木三重吉による加筆・修正が細部に至るまでおこなわれ，その数は 320 箇所以上にのぼる。

中でも，第 1 場面「語り手の詳細な情報とその削除」，「権狐とごんの表記」，「鰻を持ち帰ると格闘」，第 3 場面「まつたけときのこや薪」，第 5 場面「引き合わないと神様へのうらめしさ」，第 6 場面「うなずくとうれしく」の違いは，物語の展開上重要な改訂で，この本文異同は，児童の「なぜ？」を生み，思考を刺激することにつながるのである。

本稿では，先にも述べた第 6 場面を取り上げ，特に「うれしくなりました。⇔うなずきました。」を中心に a〜d の視点から発問の検討をおこなう。本文引用の際，常用漢字及び現行の仮名遣いに改めた。

1）第 6 場面結末の本文異同

図表 20 は『ごんぎつね』の草稿と定稿の本文異同である。新美南吉執筆本文である草稿を基本（上段）とし，鈴木三重吉改訂本文との異同箇所に破

図表 20 「ごんぎつね」の草稿と定稿の本文異同

上段明朝体＝【草稿】・下段ゴシック体＝【定稿】

兵十は，立ちあがって，丁度納屋にかけてあった火縄銃をとって，
× る

火薬をつめました。そして，足音をしのばせて行って，今背戸口から
× ちかよって ×

出て来ようとする権狐を「ドン」と× うってしまいました。
× ごん × × ， うち

権狐は，ばったりと倒れました。兵十はかけよって来ました。
ごん ばたり

ところが兵十は，背戸口に，栗の実が，いつもの様に，かためて置いて
家の中を見ると土間に × ×

あるのに目をとめました。
が につき

「おや————————。」×兵十は× 権狐に目を落とし
× と ，びっくりして ごん

ました。

「権 ，お前だったのか………。いつも栗をくれたのは——。」
「ごん × ×

権狐は，ぐったりなったまま， うれしくなりました。
ごん と目をつぶったまま，うなずき

兵十は，火縄銃をばったり 落としました。まだ青い煙が，
ばたりと，とり ×

× 銃口から細く出ていました。
まだ筒

線を引き，その下に定稿の本文の異同本文のみを示した。本文中にある「×」は，その本文をどちらかが欠いていることを示す。

2）4 つの視点から見た発問例

図表 20 に示した第 6 場面の本文異同を活かし，先に示した，a 深い理解，b 深い考えの形成，c 深い探究・追究，d 深いつながりの 4 つの視点ごとに作成した発問が以下である。

a 深い理解

深い理解とは,「知識（既習や新たな知識）を相互に結びつける」ことで物事についてより詳しく知る状態のことで,「熟知」や「精通」という語句に置き換えられるものと捉える。よって，知識を活用し，十分に考え，自身の考えを相手に説明する活動を促す発問であることが求められる。

【発問例】

〈対象異同本文〉

草稿…足音をしのばせて行って，今背戸口から出て来ようとする権狐を「ドン」とうってしまいました。

定稿…足音をしのばせて近づいて，今戸口から出ようとするごんをドンとうちました。

〈想定発問〉

1.「しのばせて行って」と「しのばせて近づいて」だと，兵十の行動はどう変わるかな。動作で表して，違いを考えてみましょう。

2. 文末が「うってしまいました」と「うちました」では，読者からみるとどういう違いを感じるかな。考えてみましょう。

〈発問作成の視点と解答のヒント〉

1.「しのばせて行って」は動作の途中を表すが,「しのばせて近づいて」はごんの近くに来たという動作の結果を表す。

2. どちらも主語は兵十だが,「うってしまいました」は「兵十がしてはいけないことをした」という負の状況を描いた表現で読者の読みの視点を含んでいるが,「うちました」は「兵十がうった」という今起こった事実のみ伝えるだけの表現であり善悪や賛否については描かれていない。

b 深い考えの形成

深い考えの形成とは,「精査した情報を基に」して，自身と向き合い自己との対話を通して問題や課題に対する考えを見いだすことで,「思案」や「思慮」という語句に置き換えられるものと捉える。よって，情報（与えられたものや自ら調べたもの）を注意深く分析し，あれやこれやと思考を働かせて考える活動を促す発問であることが求められる。

【発問例】

〈対象異同本文〉

草稿…権狐は，ぐったりなったまま，うれしくなりました。

定稿…ごんは，ぐったりと目をつぶったまま，うなずきました。

〈想定発問〉

3.「うれしくなりました。」と「うなずきました。」のどちらの表現が良いと考えますか。「うれしい」「うなずく」の意味を辞書で引いたり，場面を動作で表したり，これまでの「うれしくなった」「うなずいた」体験や体験を思い出したりしながら，考えてみましょう。その時に自分が良いと思った方の理由，良いと思わなかった方の理由も一緒に考えましょう。

〈発問作成の視点と解答のヒント〉

3.「うれしく」には，すでにごんの感情が込められていることから，なぜうれしくなったのかを含めて考える必要がある。「うなずく」は単なる動作を表したにすぎないことを前提になぜうなずいたのか，どういう気持ちでうなずいたのかを含めて考える必要がある。この2つの基本的な情報をもとに，感情を素直に表すほうが良い，読者からすると感情が書かれていないほうが読んでいていろいろ想像できるなど，児童の視点で思考を働かせることができる。

c 深い探究・追究

深い探究・追究とは，与えられた場面や状況に起きている解決すべき客観的事実である「問題を見いだして」，その問題を解決するために考えるべき課題を設定し，解決に向かうことで，「掘り下げ」や「深堀り」という語句に置き換えられるものと捉える。よって，場面や状況に対して児童自身が解決すべき問題を見いだし，解決するための課題を設定し，ひたすらその課題と向き合う活動を促す発問であることが求められる。

【発問例】

〈対象異同本文〉

山本（2016）資料①参照

〈想定発問〉

4．新美南吉の書いた本文と鈴木三重吉の直した本文を見比べて，気づいたことや疑問に思ったことを書き出しましょう。気づいたこと・疑問に思ったことをもとに問題を作って友達に解いてもらいます。自分で問題を作り，答えと理由も考えましょう。

〈発問作成の視点と解答のヒント〉

4．本文が違うことに注目する児童が多いと予想されるが，それ以外にも注目する児童も予想される。大切なことは，児童自身が「問題点を発見→課題の設定→解答・理由の制作」をおこなう課程を大切にすること。優れた発問を児童が作ることを主眼としない。

d 深いつながり

深いつながりとは，「伝え合ったり，考えを伝え合うこと」によって，他者との関係を構築，密にし，互いに高め合い，共に成長することで，「親密」や「切磋琢磨」という語句に置き換えられるものと捉える。よって，頭を突き合わせて一緒に悩み，解決に向かい，共に考え答えを導き出す楽しみや喜びを感じる活動を促す発問であることが求められる。

【発問例】

〈対象異同本文〉

草稿…「おや――――――――。」

兵十は権狐に目を落としました。

「権，お前だったのか………。いつも栗をくれたのは――。」

権狐は，ぐったりなったまま，うれしくなりました。兵十は，火縄銃をばったりと落としました。まだ青い煙が，銃口から細く出ていました。

定稿…「おや。」と兵十は，びっくりしてごんに目を落としました。

「ごん，おまいだったのか。いつも栗をくれたのは。」

ごんは，ぐったりと目をつぶったまま，うなずきました。

兵十は，火縄銃をばたりと，とり落としました。青い煙が，まだ筒口から細く出ていました。

〈想定発問〉

5．（班活動・話し合い）みなさんに，今度「ごんぎつね」の最後の場面の簡単な動作も含んだ朗読劇をしてもらいます。新美南吉さんの書いた本文と鈴木三重吉さんの直した本文のどちらで演じてもよいです。班で話し合って，どちらの本文で朗読劇をするか考えましょう。

〈発問作成の視点と解答のヒント〉

5．数名で比較読みをすることで，本文の違いを共有し話し合うことで読みの深まりにつながるとともに，どちらがなぜよいかということを伝え合うことにより自分とは違う考え方があることを知り，多様な価値観に触れることができる。また，劇としてともに作り上げることで仲間意識や一体感を感じることができる。表現として，「おや――――――――。」と「おや。」，「お前だったのか………。いつも栗をくれたのは――。」と「おまいだったのか。いつも栗をくれたのは。」にあるように，「―（ダッシュ）」や「…（リーダー）」をどう捉えるか，「うれしく」と「うなずく」をどう捉えるかで，セリフ回しや状況設定が変わるなど，短い文章ではあるがどちらを選択するか意見が分かれるポイントも明確で，話し合い高め合う点では有効である。

3）「深い学び」を促すために

以上，5つの想定発問を示したが，「深い学び」を促す発問を作成する上で重要なことは，単純な一問一答や二項対立によるどちらが良いのかという発問ではなく，児童自身が問題点を見いだし課題を設定し，悩み，思考し，生みの苦しみをもって答えを導き出すような設定をすることである。

授業構築において，すべてこのような発問を作れというわけではない。教材ひとつに対して自己とじっくり向き合い思考することのできる発問をひとつは設定し，その結果をもって他者とともに考え，答えを導き出す喜びを味わうことのできる時間を提供することが，「主体的・対話的で深い学び」を実現するための近道となるのである。

3.4.5　まとめと課題

平成29年度告示学習指導要領実施に向け，主体的・対話的活動を伴った「深い学び」を得るための発問の重要性を述べ，「ごんぎつね」を例として，「深い理解」「深い考えの形成」「深い探究・追究」「深いつながり」の4つの視点をもとにした発問例を示すことで，深い学びを得るためには比較読みが有効であることを示すことができた。

しかし，本稿の問題点は「ごんぎつね」に特化して考えるのであれば，約320ある異同箇所のごく一部を例にとって発問の提案のみをしたにすぎないことである。今後の課題は，他の本文異同も取り上げ，「ごんぎつね」の草稿と定稿の比較読みによる発問集を作成し，提案することである。

3.5 「強意」の語句に注目した心情変化の読み取り
――『伊勢物語』「東下り」の段について――

〔本節のキーワード〕
古典文法，係助詞，副詞，強意の語句，手がかり，伊勢物語，心情，読み，教材解釈，古典授業，手立て

3.5.1　強意に意味を持つ係助詞・副助詞に着目した読みの検討

『伊勢物語』の「芥川」「筒井筒」「東下り」の段はこれまで高等学校１年生対象の教科書に採用されることが多く，古典学習教材として定番化している。

中でも「東下り」は，やむを得ず旅に出た主人公の「男」とその仲間の悲しみや寂しさが時間の経過とともに増していく姿が和歌とともに絶妙に描かれた紀行文的物語であり，文章も平易で，場面展開もわかりやすく，「男」の気持ちに寄り添いながら読み進めることができる点で生徒に受け入れられやすい。

また，「かきつばた」の和歌にみられる「折り句」は，本作品の面白みを伝える修辞技法であり，その他にも基本的文法事項も多く，内容・文法の両面からバランスよく古典を学ぶための学習教材として有用なもののひとつである。

本節では，いくつかある文法事項のうち，係助詞「ぞ・なむ・こそ・や・か・は・も」及び副助詞「し・しも」の強意の意を示す語句を手がかりに読むことで内容全体の読み取りの深化が図れることを示し，文法に着目した素材の教材化の可能性を検討することを目的とする。

3.5.2　本研究で扱う強意の語句について

係助詞「ぞ・なむ・こそ・や・か・は・も」及び副助詞「し・しも」は，各々強さの度合いは違うものの，これらの語句が配置されている文は当該文章において強調すべき重要なものとしての位置付けられており，特に物語文

の場合，場面・状況の強調や心情の強調のために用いられ，読解する上での重要な手がかりとなる。

1）係助詞①「ぞ・なむ・こそ」

まず，「ぞ」「なむ」「こそ」について。これらはすべて強意の意を表すが，「ぞ」よりも「なむ」の方が強意の度合いが強い。現代語訳をする場合，両者とも取り立てて強意の意味を前面に押し出す必要はないと考える。

例）九重のうちに鳴かぬぞいとわろき。
　　　→宮中でなかないのがはなはだよくない。
　　これなむ都鳥。
　　　→これが都鳥であるよ。

それに対し「こそ」は，前掲「ぞ」「なむ」よりも一段と強意の度合いが強い係助詞とされる。「こそ」と「ぞ」の関係について屋嘉（1962）は，平安期の代表的な作品である『源氏物語』を主観的な作品，『土佐日記』を客観的な作品と位置付け，「ぞ」「なむ」「こそ」の出現率から，「主観性の強い作品には，より多くの係助調「こそ」が用いられ，客観性の強い作品には，係助調「ぞ」が多く用いられている」という結果を踏まえ，

(1) 主観性の強い作品に，係助詞「こそ」の使用が多く，反対に「ぞ」の使用が少ない。
(2) 会話文に係助詞「こそ」が多く，「ぞ」の使用が少ない。地の文では，係助詞「ぞ」が多く，「こそ」の使用が少ない。

との結論を導き出している。

つまり，主観性が強い作品や会話文（＝心情的）の場合は「こそ」の使用頻度が高く，客観性が強い作品や地の文（状況説明的）の場合「ぞ」の使用頻度が高いのである。このことを踏まえると，「こそ」は，現代語訳をする場合，主観的な気持ちを強めるために，例えば「実に～」「まことに～」「本

図表 21 「ぞ」「なむ」「こそ」の強意度合いの比較表

	ぞ	なむ	こそ
強弱	弱	中	強
現代語訳	特に訳出しない	特に訳出しない	訳出しなくてもよいが，強めるための副詞を冠するとよい
役割	客観的 状況説明的	主観的 心情的	主観的 心情的

当に～」のような副詞を配置する必要がある。

例）たふとくこそおはしけれ。
　　→まことに尊くいらしゃった。

以上を踏まえて，「ぞ」「なむ」「こそ」の強意の度合いの違いを示すと，図表 21 となる。

2）係助詞②「や・か（やは・かは)」

次に「や」「か」について。両者とも疑問・反語の意を表す。

「や」は相手に対する問い，あるいは自分自身の内面に対して呼びかけや問いかけをやわらかくする場合に用いることが多い。特に反語の意で使用される場合は，対象に対して強い肯定・強い否定となり強意の意が強くなる。

例）「御子はおはすや」と問ひしに，
　　→「お子さんはおありですか」と問うたところ，
例）近き火などに逃ぐる人は，しばしとや言ふ。
　　→近くに迫った火などで逃げる人は，もう少しの間待ってくれというのであろうか，言いはしない。

「か」は，「何」「いつ」「いづれ」「たれ」などの疑問詞を伴うことが多く，疑問や反語の意を直接的・単純的に問いかける働きを持つため，「や」に比べ強意の度合いが高い。反語の意で使用されるときは，ある対象に対して，強い肯定・強い否定という強調の意を含む。

例）いづれの山か，天に近き。

→どの山が天に近いか。

例）住まずしてたれか悟らむ。

→住んでもみないでだれが悟ることができようか，いやできない。

3）係助詞③「は」

「は」「も」は，何かしらの事柄を取り上げて，「は」は他と区別，「も」は類似のことがらを暗示したりする意を表す。

「は」は，ある事柄を取り上げて，他と区別する意と文末にあって詠嘆の意を表す。区別（～とは違って）・詠嘆（～ことだよ）の意から，「は」が使用されている文は，ある一定の強調の意を含むといえる。また，格助詞「を」に係助詞「は」が接続する場合は「をば」となり，強意を表す。

例）春はあけぼの

→春は明け方が趣き深い

名をば，さかきの造となむいひける。

→その名を，さかきのみやつこと言ったそうだ。

「も」は，同じ趣の事柄をひとつ取り上げて，他を類推させる意，並列の意などを表す。特に，意味を強め，感情を込めて言う意を表す場合がある。特にこの意での使用の場合，強意語句といえる。

例）限りなく遠くも来にけるかな。

→限りなく遠くへ来てしまったものだなあ。

図表 22　強意語句の中学国文法と古典文法の対応

強調 部分否定		同類 強調 並立	区別 強調 繰り返し 題目	疑問 並立 ／ 疑問 質問 反語	疑問 反後 ／ 感動 強調 呼びかけ	強調	強調	強調	意味	国文法
副助詞	×	副助詞	副助詞	副助詞 ／ 終助詞	副助詞 ／ 終助詞	副助詞	副助詞	副助詞	品詞	
↑ しも ↓	↑ し ↓	↑ も ↓	↑ は ↓	↑ か ↓	↑ や ↓	↑ こそ ↓	↑ なむ ↓	↑ ぞ ↓		
副助詞	副助詞	係助詞	係助詞	係助詞	係助詞	係助詞	係助詞	係助詞	品詞	古典文法
強意	強意	並列 強意 類推	区別	疑問 反語	疑問 反語	強意	強意	強意	意味	

4）副助詞「し・しも」

「し・しも」は，強意を表し，「ほかならぬそれ」というような意味合いを表す。

例）名にし負はば，

→都に縁のある「都鳥」というほかならぬ名を持っているのなら，

3.5.3　強意語句を生かした「東下り」の教材化と授業

今回取り上げた，係助詞「ぞ・なむ・こそ・や・か・は・も」，副助詞「し・しも」は，中学国文法においてどのように位置付けられているのかをみると，図表 22 となる。

古典文法における係助詞は，国文法においては，多く副助詞として扱われ，その意味の多くは，強調である。中学校において，これらの強調語句を習得済という前提で考えると，用言・助動詞を中心とした古文読解よりも，強意語句を中心とした読解の方が，心情に迫りやすく，古文導入時期の１年生にとって，受け入れやすいと考えるのである。

そこで，「東下り」の本文をもとに，強意語句を生かした心情の読み取りを中心とした教材化と授業提案をする。

3.5.4 「東下り」の本文にみられる強意の語句と出現回数

以下に，本文を示し，今回提示した係助詞「ぞ・なむ・こそ・や・か・は・も」，副助詞「し・しも」が出現した場合，下線を引く。また，次のように記号化することにより，品詞と意味を示す。

品詞	係助詞→係	副助詞→副助	
意味	強意→強	疑問→疑	反語→反
	区別→区	並列→並	類推→類

例）係助詞で強意→〔係・強〕　副助詞で強意→〔副助・強〕

以下，本文の引用は，渡辺実校注（1976）によった。

【本文】『伊勢物語』「東下り」

むかし，男ありけり。その男，身を要なきものに思ひなして，京には〔係・区〕あらじ，東のかたに住むべき国求めに，とてゆきけり。もとより友とする人，ひとりふたりしていきけり。道知れる人も〔係・類〕なくて，まどひいきけり。三河の国，八橋といふところにいたりぬ。そこを八橋といひけるは〔係・区〕，水ゆく河のくもでなれば，橋を八つわたせるによりてなむ〔係・強〕，八橋といひける。その沢のほとりの木のかげに下り居て，かれいひ食ひけり。その沢にかきつばたいとおもしろく咲きたり。それを見て，ある人のいはく，「かきつばたといふ五文字を句の上にすゑて，旅の心をよめ。」といひければ，よめる。

唐衣きつつなれにしつまし〔副・強〕あれば
　はるばるきぬる旅をし〔副・強〕ぞ〔係・強〕思ふ

とよめりければ，みな人，かれいひの上に涙落としてほとびにけり。

ゆきゆきて，駿河の国にいたりぬ。宇津の山にいたりて，わが入らむとする道は〔係・区〕いと暗う細きに，つたかへでは〔係・区〕茂り，もの心ぼそく，すずろなるめを見ることと思ふに，修行者あひたり。「かかる道は〔係・区〕，いかでか〔係・疑〕いまする。」といふを見れば，見し人なりけり。京に，その人の御もとにとて，ふみ書きてつく。

駿河なる宇津の山辺のうつつにも〔係・並〕
夢にも〔係・並〕人に　逢はぬなりけり

富士の山を見れば，五月のつごもりに，雪いとしろう降れり。

時知らぬ山は〔係・区〕富士の嶺いつとてか〔係・疑〕
鹿の子まだらに雪の降るらむ

その山は，ここにたとへば，比叡の山を二十ばかり重ね上げたらむほどして，なりは〔係・区〕しほじりのやうになむ〔係・強〕ありける。

なほゆきゆきて，武蔵の国と下総の国との中に，いとおほきなる河あり。それを角田河といふ。その河のほとりにむれゐて，「思ひやれば，かぎりなく，遠くも〔係・強〕きにけるかな」と，わびあへるに，渡守，「はや舟に乗れ。日も〔係・強〕暮れぬ」といふに，乗りて渡らむとするに，みな人ものわびしくて，京に思ふ人なきにしも〔副助・強〕あらず。さる折しも〔副助・強〕，しろき鳥の嘴と脚とあかき，鴫のおほきさなる，水のうえに遊びつつ，魚をくふ。京には〔係・区〕見えぬ鳥なれば，みな人見知らず。渡守に問ひければ，「これなむ〔係・強〕都鳥。」といふを聞きて，

名にし〔副助・強〕おはばいざこと問はむ都鳥
わが思ふ人は〔係・区〕 在りや〔係・疑〕なしや〔係・疑〕と

とよめりければ，舟こぞりて泣きにけり。

下線で示した係助詞及び副助詞の出現回数をまとめると，図表 23 となる。

強意の係助詞「ぞ」「なむ」は出現しているが，強意の度合いが最も強いとされる「こそ」は出現していない。「ぞ」「なむ」「こそ」の関係については，「主観性が強い作品や会話文（＝心情的）の場合は「こそ」の使用頻度が高く，客観性が強い作品や地の文（状況説明的）の場合「ぞ」の使用頻度

図表 23 「東下り」における係助詞及び副助詞の出現回数

しも・強意	し・強意	も・類推	も・並列	も・強意	は・区別	か・疑問	や・疑問	なむ・強意	ぞ・強意
2	3	1	1	2	9	2	2	3	1

が高い」と述べたが，このことから推察すると，客観的に状況説明をし，時間の経過とともに淡々と場面展開をしながらも，中間的強意の「なむ」を配置することで，強烈な悲しみ・寂しさではなく，紀行文的に淡々と物語を進めることで，「昔男」一行の徐々に高まる淡く，儚く，悲哀に満ちた心情をより強烈に描こうとしたのではないかと考えられる。

3.5.5 強意語句をもとに心情を読む

古典授業の基本は内容読解で，その助けとなるのが文法である。その文法事項の中でも基本的なものである係助詞と，副助詞「し・しも」を加えた強意語句に注目した読解を提案したい。

作者はその文意を強調したいために強意語句を配置していることから，強意語句を含む文をつなぎ合わせることで，心情のみならず，心情変化や何が心情の根底にあるのかが読みとりやすくなるのではないか。

本稿では，「東下り」に出現した強意語句のうち，まさに強意として出現している「ぞ・強」「なむ・強」「も・強」「し・強」「しも・強」を含む部分を取り出し，つなぎ合わせることで，昔男の置かれた場面・状況と心情に迫ってみたい。

【抽出文をつなぎ合わせる】

〔A の場面〕

○起昔，男ありけり。その男，身をえうなきものに思ひなして，京にはあらじ，東の方に住むべき国求めにとて行きけり。

〔A1〕道知れる人もなくて，惑ひ行きけり。三河の国八橋といふ所に至りぬ。
そこを八橋といひけるは，水行く河の蜘蛛手なれば，橋を八つ渡せるによりてなむ，八橋と言ひける。

〔A2〕「唐衣きつつなれにしつましあればはるばる来ぬる旅をし ぞ思ふ」とよめりければ，みな人，乾飯の上に涙落として，ほとびにけり。

〔B の場面〕

○起行き行きて，駿河の国に至りぬ。

〔B1〕「駿河なる宇津の山べのうつつにも夢にも人にあはぬなりけり」

〔B2〕その山（富士の山）は，ここにたとへば，比叡の山を二十ばかり重ね上げたらむほどして，なりは塩尻のやうになむありける。

〔C の場面〕

○起なほ行き行きて，武蔵の国と下つ総の国との中に，いと大きなる河あり。

〔C1〕その河（すみだ河）のほとりに群れゐて，思ひやれば，限りなく遠くも来にけるかなとわび合へるに，渡し守，「はや舟に乗れ。日も暮れぬ。」と言ふに，乗りて渡らむとするに，みな人ものわびしくて，京に思ふ人なきにしもあらず。

〔C2〕さる折しも，白き鳥の嘴と脚と赤き，鴫の大きさなる，水の上に遊びつつ，魚を食ふ。京には見えぬ鳥なれば，みな人見知らず。渡し守に問ひければ，「これなむ都鳥。」と言ふを聞きて，「名にし負はばいざこと問はむ都鳥わが思ふ人はありやなしやと」とよめりければ，舟こぞりて泣きにけり。

▼強意語句を手がかりにした読解

☆〔A の場面〕

京に居られなくなった男は，〔1〕（三河国）八橋という場所に着き，ここまでやってきた長旅のことを思い，〔①〕三河国という見知らぬ土地まできたことを想い故郷のこと偲び，京に残してきた妻のことを想う。

☆〔B の場面〕

戻ることは許されず，さらに進み駿河国に着く。〔2〕駿河にある宇津の山辺まで来る。宇津（うつ）という場所から連想し，「現（うつつ）にも夢にも恋しいあなたに会うことができないのですね。」と詠み，〔②〕京に残してきた妻のことを想う。

〔3〕富士の山は，京都にある比叡の山を二十ばかり重ねたぐらいの大きさで，姿はまるで塩尻のようであるとし，富士の山を見て，〔③〕故郷の比叡山の姿を思い出し，故郷を偲ぶ。

※ここでの疑問は，わざわざ「塩尻」に強意語句「なむ」を配置していることである。この「塩尻」は京にある何か，あるいは妻に関わる何か，を表している可能性がある。

☆〔C の場面〕

やはり戻ることは許されず，さらにさらに進み，〔4〕武蔵国と下総国の間にあるすみだ川のほとりで遠くまで来た旅のことを振り返り慰めあっていると，日が暮れ始めさらに寂しさが増す。ちょうどそのとき，京都では見たことのない鳥（土地的に「ゆりかもめ」か？）を見かけ，渡し守に問うと「これが都鳥ですよ」と答えるのをきいて，「都鳥」の持つ「都」ということばに反応して「都という恋しいことばを名にもっているのならば，さあ，尋ねよう都鳥よ。私が思う人（京に残してきた妻）は，元気かどうかと」と詠み，〔④〕「都鳥」の都に反応し故郷を偲び，京に残してきた妻のことを想う。

図表 24 をみると，場面は，京都から三河国，駿河国，武蔵国と下総国へと進む。まさに，野を越え，山を越え，川を渡り，を繰り返し，京都からどんどんと離れていく長旅の様子がよくわかる。また，昔男の心情は，故郷を偲ぶことに終始し，その根底には京都に残してきた妻への強い想いがあることがわかる。京都から離れれば離れるほど，京都という故郷が偲ばれ，妻への想いがますます募っていくが，もう引き返すことはできない。

なぜなら，冒頭にあるように，「その男，身をえうなきものに思ひなして，京にはあらじ，東の方に住むべき国求めにとて行きけり。」だからである。つまり，昔男は，希望に満ちて新天地を求めているのではなく，後ろ髪ひかれる思いでこの旅を続けているということがわかるのである。

図表 24　経過・心情変化

遠 ←―――――――――――――――――――― 都から

〔4〕 武蔵国・下総国 すみだ川	←	〔3〕 駿河国 富士の山	←	〔2〕 駿河国 宇津の山辺	←	〔1〕 三河国 八橋	場所
〔④〕 故郷を偲ぶ 妻を想う	←	〔③〕 故郷を偲ぶ	←	〔②〕 妻を想う	←	〔①〕 故郷を偲ぶ 妻を想う	心情

増 ←―――――――――――――――――――― 気持ち

3.5.6　まとめ――古典授業への影響・効果――

強意語句を取り出し，つなぎ合わせることで，場面展開，心情とその変化を読み取りやすくなるのである。つまり，強意語句を中心とした読解は，全体の内容を把握する上で有効な手立てと考えられる。

『伊勢物語』「東下り」を例に，強意語句に注目した場面展開，心情とその変化を読み取ることの有効性を述べた。古文読解のひとつとして強意語句に注目する方法を生徒に提示すれば，以後の古文読解においてのひとつの指針，拠り所となると考える。読解をしていく上での武器はひとつでも多い方がよいのである。

〈直接引用文献〉

青砥弘幸（2011）「認知的な「ズレ」を手がかりにした文学テクストの教材論的考察：『ごんぎつね』の悲劇的結末の可能性」『国語教育思想研究（広島大学）』3 号，1－8. http://ir.lib.hiroshima-u.ac.jp/00031682（2020 年 2 月 26 日確認）

浅見逸夫・長縄光延・山田勝・鈴木忍（2002）「消費者アンケート結果から見たイチジク需要の拡大方策」『愛知県農業総合試験場研究報告』第 34 号，147－156.

安達隆一（2018）「I 言語・7 語彙〈1〉」田近洵一・井上尚美・中村和弘編『国語教育指導用語辞典』教育出版，22－23.

荻原桂子（2014）「文学教材の研究―新美南吉「ごんぎつね」（小学校四年）の言語表現―」『九州女子大学紀要』50 巻 2 号，221－235.

小林晴美（2005）「語彙発達(1)　初期相での語彙発達」「語彙発達(2)　幼児期以前の語彙発達」岩立志津夫・小椋たみ子編『よくわかる言語発達』ミネルヴァ書房，36－41.

佐藤明宏（2012）『国語科研究授業のすべて』東洋館出版社.

田近洵一（2014）「文学の教材研究―子どもと〈読み〉を共有するために―」ことばと教育の会編『文学の教材研究―〈読み〉のおもしろさを掘り起こす―』教育出版，8－23.

鶴田清司（2005）『なぜ日本人は「ごんぎつね」に惹かれるのか―小学校国語教科書の長寿作品を読み返す―』星雲社.

庭野賀津子（2015）「Infant-directed speech の研究の動向と展望」『玉川大学脳科学研究所紀要』第 8 号，24－33.

馬場重行（2012）「『ごんぎつね』詩論―「物語」による共生―」田中実・須貝千里編『文学が教育にできること―「読むこと」の秘鑰―』教育出版，72－89.

半田市教育委員会編（2012）『新編 新美南吉代表作集（改訂版）』半田市教育委員会，16－23.

渡辺実（1976）『新潮日本古典文学集成 伊勢物語』〔底本は学習院大学蔵天福本〕新潮社，21－23.

文部科学省（2017）「新しい学習指導要領の考え方―中央教育審議会における議論から改訂そして実施へ―」文部科学省 http://www.mext.go.jp/a_menu/shotou/new-cs/__icsFiles/afieldfile/2017/09/28/1396716_1.pdf（2018 年 12 月 21 日確認）

屋嘉宗克（1926）「国文学に於ける修辞法について―係結びの法則による係助詞「ぞ」・「こそ」を中心として―」『沖大論叢』2 巻 1 号，81－93.

山本英夫（2016）「「権狐」・「ごん狐」・「ごんぎつね」―作品の改変と若き日の南吉の思い―〈付 資料①・資料②・資料③〉」『新美南吉記念館 研究紀要』第 23 号，39－59，資料①，1－15，資料②，1－12，資料③，1.

第4章
他領域の研究成果を活用した素材研究
――脚本・認知行動療法・テキストマイニング・和歌文学研究――

本章では，国語教育学以外の領域における理論や研究方法の素材研究への応用を試み，別視点からの素材研究の可能性を探ることとする。

学校教育は，これまでも教育分野以外の考え方や手法が活用されてきた。例えば，学校も組織である以上効率的かつ効果的経営が求められるという発想から，校長を経営者とした「学校経営」という発想，本来は企業における生産技術・品質管理の改善のためのPDCAサイクルの導入など，経済・経営学の視点や手法が導入，活用されている。同様に，児童・生徒の心身の発達と支援のための心理学（「教育心理学」「学校心理学」「発達心理学」など）の視点や手法の導入がある。また，近年は，学習指導要領（平成29年）に示された情報活用能力の育成とICT活用の推進から，プログラミングや情報処理，映像情報メディアやタブレットPCの活用など情報処理学の視点も導入されつつある。

国語科に目を向けると，岩永（2000）は，「単なる認知科学の応用ではなく，国語科教育の実践を土台とした「国語科教育の認知科学」が育ちつつあること」を指摘していることからもわかるように，2000年代に入って以降，認知心理学との関係性がより強くなっている。このことは，国語教育関連論文において「認知心理学」「スキーマ」「メタ認知」などの語句が散見されることからもわかる。特に川﨑（2014）のように，文章読解や内容理解の視点として，活用されることが多数を占める。また，ここ数年で，統計学におけるデータ解析のひとつであるデータマイニング技術が文章の分析に活用されつつある。

本章では，他領域として，「演劇〈脚本のト書き〉」（4.1），「認知行動療法」（4.2），「データ解析〈テキストマイニング〉」（4.3），「和歌文学研究」（4.4）の 4 領域を取り上げ，他領域の研究成果を活用した素材研究の視点と具体的方法の提示し，国語科の素材研究への応用の可能性を論じたい。

4.1 「ト書き」に着目した小学校国語科物語教材の授業
――朗読のための文章読解と発問について――

〔本節のキーワード〕

新美南吉，ごんぎつね，文章読解，書き換え，朗読，演劇，脚本化，セリフ ト書き，音声化，読解の姿，朗読による評価

4.1.1 朗読をすることを目的とした授業のための脚本化

児童の物語教材に対する読解の姿の把握は，発問に対する解答内容で判断することが多い。例えば，小学生用教科書に設定されている『ごんぎつね』で，ごんが洞穴の中で兵十のおっかあの死に思いを巡らせている場面では「ごんは，兵十のおっかあの死に対して，どのように考えていますか」と問う，ごんが兵十に撃たれる最後の場面に対し「どうしてごんは撃たれなければならなかったのですか」「最後の場面を読んで何を考えましたか，どう思いましたか」と問うなどし，児童はワークシートやノートに解答を記入したり，口頭で発表したりする形で考えや想いを表出し，その解答内容で思考や発想を把握するのである。これは，児童の読解の姿を測る方法として妥当なものといえる。

しかし，この方法は，思考を客観的文章として再構成し表現することが苦手な児童にとってはハードルが高い。そこでこのような児童の読解の姿を測る方法として「朗読」を提案したい。なぜなら，従来の発表の「読む→自身の考えを持つ→相手に伝えるために内容を再構成→発表原稿執筆→発表（音声・文字)」という過程を踏むよりも，朗読の「読む→自身の考えを持つ→音声表現の工夫の考案→音声表現」という過程の方が，児童からして発表に対するハードルが低く感じるのではないかと考えたからである。つまり,「相手に伝えるために内容を再構成」する作業よりも「音声表現の工夫の考案」をする方が自身の考えを直接的に表現しやすいのである。

また，学習の最終的着地点を「朗読」に置くことで，児童は学習の見通しが立てやすく，読解する意味や目標達成意欲も高まる。そして，教師の発問

作りにおいても朗読をするための読解を促すものという明確な視点ができ，発問が学習活動と有機的につながることで，結果的に物語の深い読みを促すことになるのである。

このように朗読は，物語教材の深い読みを促し，児童の読解の姿を知る手段として有効なことは明らかである。しかし問題は，現状の教科書に設定されている物語教材本文は，朗読用の脚本として作られていない点である。

そこで，本稿で提唱したいことが教科書教材本文の脚本化であり，脚本化に際して注目したいものが「ト書き」である。「ト書き」とは，歌舞伎脚本から始まったもので，「……ト歩み寄り」というような表記によって演者の動作を指定する注意書きのことである。物語教材を脚本化し，会話文に付随する「ト書き」にあたる部分を解釈することで，教材の深い読みとなり，深い読みを踏まえた質の高い朗読へとつながる。朗読は読解の姿の現れであり，その朗読の様子をみれば，ワークシートやノートに記入したり，口頭で発表したりするよりも本文から読み取った考えや想いを把握できるのではないだろうか。よって，本稿では物語教材の脚本化の有効性と脚本例及びそれに関連する発問の提案をする。

4.1.2　朗読は自身の文章読解の姿を音声化する行為

例えば，小学校学習指導要領（平成 20 年）の国語の項「第 1 学年及び第 2 学年，C 読むこと」に，

(1) 読むことの能力を育てるため，次の事項について指導する。
　ア 語のまとまりや言葉の響きなどに気を付けて音読すること。
　イ 時間的な順序や事柄の順序などを考えながら内容の大体を読むこと。
　ウ 場面の様子について，登場人物の行動を中心に想像を広げながら読むこと。

と，「音声表現（ア）」と「文章読解（イ・ウ）」の 2 種類の「読み」が記されている。単純に読むというと文章読解の印象が強いが，ここに示されたと

おり音声表現も読みなのである。この２種類の読みの相互作用こそ，教材の深い読みにつながるのである。

では，音声表現と文章読解はどのような関係性にあるのであろうか。この関係性については以下の指摘がある。①は有働（2018 : p.160），②〜⑥は高橋（2009 : pp.466－467）から引用したものである。また，引用文中の下線は引用者による。

①朗読とは，文章の内容や文体，そこから受ける感動などを，聞き手に音声化する行為を指す。
②朗読とは，音読の中で表現を意識した音声化をいう。いわば，他者に伝えるための読みである。
③また朗読という語に直に反応し，「朗々と読む」ことを朗読であると強弁し，現代社会の読み方に合わないと排斥する向きもあるが，それは曲解というべきである。
④朗読とは，作品中の語り手が語ろうとしているその位置・立場から，つまり作品の中から，外の聞き手に向かって読み伝える行為である。読み手の恣意的な気分で読むのではない。作品に合わせて読むのである。
⑤朗読することにとって作品解釈が大切だとは，このことをいうのだと理解してもよい。
⑥朗読は，感情を込めて読むものである。ただし，その感情は読み手の感情ではない。作品の語り手，また，登場人物の感情である。

下線で示したように，朗読とは，読み手の恣意的な気分や感情によるものではなく，作品中の語り手が語ろうとしているその位置・立場や登場人物の感情を，他者に音声表現を通して伝える行為であり，それは作品に合わせた読み，作品の読解により得られた結果の表出でなければならない。つまり，朗読は自身の文章読解の姿を音声化する行為なのである。

4.1.3　読解とは

では，朗読という音声化の根本にある文章読解とはどういう行為のことなのか。この行為については以下の指摘がある。①は山元（2018 : p.60），②は田近（2009 : pp.119 − 120）から引用したものである。また，引用文中の下線は引用者による。

① 読解とは，文章（テクスト）に接触し，文章に内包された情報を，読者と書き手とが共有するコード（文章表現の規則や約束事）と読者に既有の知識・情報及び経験とを手がかりとしながら解読し，それを理解し，解釈するに至る，読者の一連の行為を指す概念である。このことを円滑に行う技能を育てる営みが読解指導である。

② 主体形成の読みのはたらき（能力）

ア　未知の知るはたらき。（理解・解釈系列）

・ストーリーや，人物の行動の意味を読みとる。

ウ　表現を主体的・批判的に受け止めるはたらき。（批評・鑑賞系列）

・情報の不足や欠如をとらえ，補充する。

エ　表現や表現内容について，自分の立場から考え，活用するはたらき。（活用系列）

・内容を多角的に検討したり，情報を視点として問題を多角的にとらえたりする。

下線で示したように，文章読解とは，文章に内包された情報を読者の既有の知識・情報及び経験とを手がかりに多角的に検討し，情報不足や欠如をとらえ補充し，ストーリーや人物の行動の意味を読み取る行為だといえる。心情の読み取りも必要だが，読解行為の第一とすべきは，人物の行動の意味を読み取ることであり，それを踏まえた上で心情に思いを馳せることである。

4.1.4　小学校学習指導要領解説国語編（平成 29 年）での朗読の位置付け

ここまで，朗読と文章読解の意味とその関係を述べてきたが，そもそも，学習指導要領において朗読はどのように扱われているのであろうか。小学校

学習指導要領解説 国語編（平成29年）における朗読の位置付けをみておきたい。

朗読の位置付けと文章読解との関係については，小学校学習指導要領解説 国語編（平成29年）「第2章 国語科の目標及び内容，第2節 国語科の内容，2〔知識及び技能〕の内容，(1) 言葉の特徴や使い方に関する事項」(pp.20－21) に，次の記述がある。

○音読，朗読

音読や朗読に関する事項である。

指導に当たっては，〔思考力，判断力，表現力等〕の「C 読むこと」だけでなく，〔知識及び技能〕の他の指導事項や〔思考力，判断力，表現力等〕の「A 話すこと・聞くこと」，「B 書くこと」の指導事項とも適切に関連付けて指導することが重要であるため，今回の改訂では，「知識及び技能」として整理し，ここに示している。

［表の一部省略，音読・朗読部のみ抜粋］

音読、朗読	ク　語のまとまりや言葉の響きなどに気を付けて音読すること。	ク　文章全体の構成や内容の大体を意識しながら音読すること。	ケ　文章を音読したり朗読したりすること。

このように，「音読・朗読」は「C 読むこと」だけでなく，他の事項と関連付けて総合的に指導すべき事項であることがわかる。また，第5学年及び第6学年に「ケ　文章を音読したり朗読したりすること。」の指導事項が設定され，同解説（p.112）には，指導事項ケに対して次のように解説している。引用文中の下線は引用者による。

ケ　文章を音読したり朗読したりすること。

第5学年及び第6学年においては，文章の構成や内容を理解して音声化することに加え，自分の思いや考えが聞き手に伝わるように音読や朗読をすることが求められる。

音読では，これまでに身に付けてきた，声の大きさや抑揚，速さや間

> の取り方といった音読の技能を生かすことが重要である。
>
> 朗読は，読者として自分が思ったことや考えたことを踏まえ，聞き手に伝えようと表現性を高めて，文章を声に出して読むことである。音読が，文章の内容や表現をよく理解し伝えることに重点があるのに対して，朗読は，児童一人一人が思ったり考えたりしたことを，表現性を高めて伝えることに重点がある。
>
> 指導に当たっては，例えば，〔思考力，判断力，表現力等〕の「B書くこと」の「共有」に関する指導事項のカと関わらせたり，「C読むこと」の「精査・解釈」，「考えの形成」に関する指導事項のウ，エ，オと関わらせたりすることが考えられる。

下線で示したように，朗読は，児童自身が教材と向き合い精査・解釈をした上で思ったことや考えたことを踏まえ，聞き手に伝えようと表現性を高めて表出する音声表現といえる。このことは，先に示した朗読が自身の文章読解の姿を音声化する行為であることと一致する。つまり，小学校学習指導要領解説（平成29年）では，文章読解と音読・朗読は互いに強い結びつきを持ち，国語科教育で育成すべき重要な能力として位置付けられているのである。

4.1.5　教材文の脚本化の有効性

ここまでに示した朗読に関する記述やその位置付けから「朗読は自身の文章読解の姿を音声化する行為であること」，「読解の第一は，人物の行動の意味を読み取ることが肝要であり，それを踏まえた上で心情に思いを馳せる行為であること」，「次世代の国語科教育では，文章読解を根本とした朗読が重視され，両者の強い結びつきが必要であること」がわかり，内容に寄り添った朗読を実施するためは，文章に対する精緻で深い読解が必要なことは明らかである。

この朗読の前提となる読解について注目すべきことは，先に述べたように「人物の行動の意味を読み取ることが肝要」だということである。このことを考える上で「ト書き」は重要な視点といえる。

「ト書き」について，守随（1947）は「第一，俳優の動作及び扮装の説明をなすもの（人物指示）　第二，装置の説明をなすもの（場所及び時間の指示）　第三，下座音楽の説明をなすもの（以上に対する補助的指示）」（p.247）とし，その役割のひとつとして俳優の動作・人物指示を挙げている。つまり，「ト書き」は，演者の動作を指定する注意書きのことで，登場人物の行動を規定するものといえる。よって，「演者の動作＝人物の行動」と捉えることができ，教材文の読解に「ト書き」を導入することは有効だと考えられるのである。

また，登場人物の行動を示した「ト書き」を含んだ脚本を教材として用いることで，場面の移り変わりを捉えることが苦手な児童・生徒の読解に寄与する可能性が高く，また，「ト書き」を頼りに読みを深めることで作品読解を踏まえた豊かな朗読（音声）表現へとつながるきっかけとなることが想定できるのである。この「ト書き」を含む脚本化について，北村（2012）は古文を対象にし「古文中に用いられている言葉一つ一つに注目しながら，心情や場面を考え，さらにそれを表現するのにふさわしいト書きを作り，台詞に書き直すことで，古語の美しさや特徴などに，よりなじむことができるのではないだろうか。」と述べ，教材のト書きを含む脚本化の有効性を説いている。

以上のことを踏まえると，「ト書き」を含む脚本化した教材として用いることは，以下の①～⑤の点で有効的といえるのである。

①読解の基本である人物の行動の様子をより焦点化できる
②その行動に付随した感情の読み取りが容易になる
③物語の内容になじみやすくなる
④脚本の存在によりよい朗読ができる
⑤児童のおこなう朗読の姿からその児童の読みを把握することができる

4.1.6 「ト書き」を含んだ脚本例と文章読解のための発問

ここでは，小学校国語科の定番教材であるの新美南吉『ごんぎつね』の兵十のおっかあの死の場面を対象に，「原文の一部とその脚本化したもの」を示し，その上で先に示した①～⑤を効果的に反映させるための「朗読を意識した文章読解のための発問」を提案する。

1）教材の脚本化例

脚本を書く基本は，原文の内容を，「柱（場所や時間の指定）」，「ト書き（場面の状況や登場人物の動作や行動，心の動きを示す）」，「セリフ（登場人物の話すことば）」の３点に分け，無駄な表現は省くことである。しかし，本稿の目的が，国語の教科書教材を脚本化したものを用いて文章読解から朗読へと展開する授業構築をめざしていることから，「無駄な表現を省く」のではなく，原文にある場面の状況や登場人物の動作や行動を極力残すこととした。

Ⅰ．教材について

・新美南吉『ごんぎつね』「兵十のおっかあの死」（本文は，半田市教育委員会（2012 : pp.18－19）を用いる）

Ⅱ．表について

・表の左は教科書掲載の本文，右は脚本化した本文
・下段表中の記号の意味は以下のとおり
　○…柱（場所や時間の指定）
　▼…ト書き（場面の状況や登場人物の動作や行動）
　☆…ト書き（登場人物の心の動き）
　ゴシック体…セリフ（登場人物の話すことば）
　傍線＋（1）～（7）…「(2) 朗読を意識した文章読解のための発問」で発問を作成する場所を示す

Ⅲ．教科書掲載の本文と脚本化した本文

教科書掲載の本文	脚本化した本文
十日ほどたって，ごんが，弥助というお百姓の家のうらをとおりかかりますと，そ	○弥助のうちのうら【朝】 ▼ごん，家のうらをとおりかかる。

この，いちじくの木のかげで，弥助の家内が，おはぐろをつけていました。鍛冶屋の新兵衛の家のうらをとおると，新兵衛の家内が，かみをすいていました。ごんは,「ふふん。村に何かあるんだな。」と思いました。	▼弥助の家内，お歯黒をつける。 ○鍛冶屋の新兵衛の家のうら【朝】 ▼ごん，家のうらをとおりかかる。 ▼新兵衛の家内，かすみをすく。 ごん「ふふん。村に何かあるんだな。」 ☆と，ごんは思う。〈a〉
「なんだろう，秋祭りかな。祭りなら，太鼓や笛の音がしそうなものだ。それに第一，お宮にのぼりが立つはずだが。」	ごん「なんだろう，秋祭りかな。祭りなら，太鼓や笛の音がしそうなものだ。それに第一，お宮にのぼりが立つはずだが。」 ☆と考えながら，ごんは歩く。〈b〉
こんなことを考えながらやってきますと，いつのまにか，表に赤い井戸がある，兵十のうちの前へきました。その小さなこわれかけた家の中には，おおぜいの人があつまっていました。よそいきの着物を着て，腰に手ぬぐいをさげたりした女たちが，表のかまどで火をたいています。大きな鍋の中では，何かぐずぐずにえています。	○兵十の家の前【朝～昼前】 ▼いつのまにか，表に赤い井戸がある，兵十のうちの前へくる。 ▼小さなこわれかけのうちに，おおぜいの人があつまる。 ▼よそ行きの着物を着て，腰に手ぬぐいをさげたりした女たちが，表のかまどで火をたく。 ▼大きな鍋の中では，何かぐずぐずにえている。
「ああ，葬式だ。」と，ごんは思いました。 「兵十の家のだれが死んだんだろう。」	ごん「ああ，葬式だ。」 ごん「兵十のうちのだれが死んだんだろう。」 ☆と，ごんは思う。〈c〉
おひるがすぎると，ごんは，村の墓地にいって，六地蔵さんのかげにかくれていました。いいお天気で，遠く向こうには，お城の屋根瓦が光っています。墓地には，ひがん花が，赤い布のようにさきつづいていました。と，村の方から，カーン，カーンと鐘が鳴ってきました。葬式の出る合図です。	○村の墓地の入り口【昼すぎ】 ▼ごん，六地蔵さんのかげにかくれる。 ▼いい天気。 ▼遠く向こうで，お城の屋根瓦が光る。 ▼墓地には，ひがん花が，赤い布のようにさきつづいている。 ▼村の方から，葬式の出る合図であ

	る鐘がカーン，カーンと鳴る。 ▼やがて，白い着物を着た葬列のものたちがやってくるのがちらちらみえはじめる。 ▼話し声も近くなる。
やがて，白い着物を着た葬列のものたちがやってくるのが，ちらちらみえはじめました。話し声も近くなりました。葬列は墓地へはいっていきました。人びとが通ったあとには，ひがん花が，ふみおられていました。 ごんはのびあがってみました。兵十が，白いかみしもをつけて，位牌をさげています。いつもは赤いさつま芋みたいな元気のいい顔が，きょうはなんだかしおれていました。	○村の墓地【昼ごろ】 ▼葬列は墓地へ入っていく。 ▼人々が通ったあとには，ひがん花が，ふみ折られている。 ▼ごん，のびあがってみる。 ▼兵十，白いかみしもを着けて，位牌をさげる。 ▼いつもは赤いさつま芋みたいな元気のいい顔が，今日はなんだかしおれている。
「ははん。死んだのは兵十のお母だ。」ごんは，そう思いながら，頭をひっこめました。	ごん「ははん。死んだのは兵十のおっかあだ。」 ☆と，ごんは思う。〈d〉 ▼ごん，頭をひっこめる。〈e〉
その晩，ごんは，穴の中で考えました。 「兵十のお母は，床についていて，うなぎが食べたいといったにちがいない。それで兵十がはりきり網をもち出したんだ。ところが，わしがいたずらをして，うなぎをとってきてしまった。だから，兵十は，お母にうなぎを食べさせることができなかった。そのまま，お母は，死んじゃったにちがいない。ああ，うなぎが食べたい，うなぎが食べたいとおもいながら，死んだんだろう。ちょっ，あんないたずらをしなければよかった。」	○穴の中（すみか）【夜】 ☆ごん，あなの中で考える。〈f〉 ごん「兵十のおっかあは，床についていて，うなぎが食べたいといったにちがいない。それで，兵十が，はりきり網を持ち出したんだ。 ところが，わしがいたずらをして，うなぎをとってきてしまった。だから，兵十は，おっかあにうなぎを食べさせることができなかった。そのまま，おかあは，死んじゃったにちがいない。ああ，うなぎが食べたい，うなぎが食べたいと思いながら，死んだんだろう。ちょっ，あんないたずらをしなけりゃよかった。」〈g〉

左右に示した本文を見比べると，右側の脚本化本文のように「柱（場所や時

間の指定)」,「ト書き(場面の状況や登場人物の動作や行動)・(登場人物の心の動き)」,「セリフ(登場人物の話すことば)」と振り分けた方が,児童にとってセリフに関わる場面や登場人物の状況,心情の読み取りがしやすいことは明らかである。

2）朗読を意識した文章読解のための発問の提案

では,朗読をするためにどのような発問によって文章読解をすべきであろうか。以下,脚本本文中に示した傍線a〜gとその前後のト書きをもとに発問の提案をする。

(1) 傍線部〈a〉について

○弥助のうちのうら【朝】

▼ごん,家のうらをとおりかかる。

▼弥助の家内,お歯黒をつける。

○鍛冶屋の新兵衛のうち【朝】

▼ごん,家のうらをとおりかかる。

▼新兵衛の家内,かすみをすく。

ごん「ふふん。村に何かあるんだな。」

☆と,ごんは思う。〈a〉

〈発問〉(1)-① ごんは,なぜ「ふふん。村に何かあるんだな。」と思ったのでしょうか。

(1)-②「ふふん。村に何かあるんだな。」というセリフをどういう思いを持って,どのような表情で,どのような声で言ったと考えますか。

(1)-③ (1)-①・②の答えをもとに,セリフを読みましょう。

(2) 傍線部〈b〉について

○鍛冶屋の新兵衛のうちのうら【朝】

ごん「なんだろう,秋祭りかな。祭りなら,太鼓や笛の音がしそうなものだ。それに第一，お宮にのぼりが立つはずだが。」
☆と考えながら，ごんは歩く。〈b〉

〈発問〉(2)-① ごんは，どういうことを考えながら歩いたと考えますか。
(2)-② セリフに「なんだろう，秋祭りかな。祭りなら，太鼓や笛の音がしそうなものだ。それにだいいち，お宮にのぼりが立つはずだが。」とありますが，ごんはなぜ違うと思ったのですか。
(2)-③ (2)-①・②の答えをもとに，予想されるごんの動作も考えてセリフを読みましょう。

(3) 傍線部〈c〉について
○兵十の家の前【朝～昼前】
▼いつのまにか，表に赤い井戸がある，兵十のうちの前へくる。
▼小さなこわれかけのうちに，おおぜいの人が集まる。
▼よそいきの着物を着て，腰に手ぬぐいをさげたりした女たちが，表のかまどで火をたいている。
▼大きななべの中では，何かぐずぐずにえている。
ごん「ああ，葬式だ。」
ごん「兵十のうちのだれが死んだんだろう。」
☆と，ごんは思う。〈c〉

〈発問〉(3)-① ごんは，なぜ「葬式だ。」と思ったのですか。なぜ「兵十の家のだれが死んだ」と考えたのですか。
(3)-② ごんは，どのような気持ちでどのような表情でどのような声で「ああ，そう式だ。」，「兵十の家のだれが死んだんだろう。」と言ったのでしょうか。
(3)-③ (3)-①・②の答えをもとに，予想されるごんの動作も考えてセリフを読みましょう。

(4) 傍線部〈d〉〈e〉について

○村の墓地の中【昼ごろ】

▼そうれつは墓地へはいっていく。

▼人々が通った後には，ひがん花が，ふみ折られている。

▼ごん，のびあがってみる。

▼兵十，白いかみしもを着けて，位牌をさげる。いつもは赤いさつま芋みたいな元気のいい顔が，今日はなんだかしおれている。

ごん「ははん。死んだのは兵十のおっかあだ。」

☆と，ごんは思う。〈d〉

▼ごん，頭をひっこめる。〈e〉

〈発問〉(4)–① ごんは，なぜ「ははん。死んだのは兵十のおっかあだ。」と気づいたのでしょうか。

(4)–② ごんは，なぜ頭をひっこめたのでしょうか。また，どのような表情をして，どのように頭をひっこめたと考えますか。

(4)–③ (4)–①・②の答えをもとに，予想されるごんの動作も考えてセリフを読みましょう。

(5) 傍線部〈f〉〈g〉について

○穴の中（すみか）【夜】

☆ごん，穴の中で考える。〈f〉

ごん「兵十のおっかあは，とこについていて，うなぎが食べたいといったにちがいない。それで，兵十が，はりきり網を持ち出したんだ。ところが，わしがいたずらをして，うなぎをとってきてしまった。だから，兵十は，おっかあにうなぎを食べさせることができなかった。そのまま，おっかあは，死んじゃったにちがいない。ああ，うなぎが食べたい，うなぎが食べたいと思いながら，死んだんだろう。ちょっ，あんないたずらをしなけりゃよかった。」〈g〉

〈発問〉(5)–① ごんは穴の中で何を考えたのでしょうか。

(5)-② ごんはなぜ (5)-①でまとめたことを考えるに至ったのでしょうか。その理由を『ごんぎつね』の書き出しから，ここまでの内容を含めて考えてみましょう。

(5)-③ ごんは，「兵十のおっかあは，～しなけりゃよかった。」というセリフをどういう思いを持って，どのような表情で，どのような声で言ったでしょうか。

(5)-④ 〈g〉 のセリフは，『ごんぎつね』の話の中で重要なセリフです。ここまで読んできた内容や考えたことを思い出しましょう。そして動作を入れたり，表情を変えたり，声の大きさや速度を変えたりたりするなど読み方の工夫を考えて，朗読をしてみましょう。

以上のように，最終的に朗読をするための読解発問を，脚本に示した「場所・時間」ごとに体系的・段階的に配置することで，児童が主体的に明確な目的を持って目標に向かって学習活動ができるのである。

4.1.7 児童の朗読から読解の姿を把握する

詳細な文章読解を踏まえた朗読をおこなうことで，児童の読解の姿がどう把握できるのか。そのことについては，児童のセリフ回しの状況からわかるはずである。先に示した『ごんぎつね』の場合，例えば，「ああ，そう式だ。」，「兵十の家のだれが死んだんだろう。」というセリフを，児童が明るい声で軽やかに読めば，「ごんはそれほど人の死に対して重みを感じていない」という読解の姿を見て取ることができ，もし重みがあり低い声で悲しい表情を浮かべながら読めば「誰かの死を重く受け止め，悲しい状況である」という読解の姿を見て取ることができる。

先に示した小学校学習指導要領解説 国語編（平成 29 年）に記されるように，「朗読は，児童一人一人が思ったり考えたりしたことを，表現性を高めて伝えること」であり，逆にいえば，「児童一人一人表現が，児童の思ったり考えたりしたこと」だともいえるのである。つまり，朗読はその児童の読解の姿を客観視する有効な方法といえる。

4.1.8 おわりに

物語教材の読みを深める手立てとして，また，思考はできるがそれを相手に伝わるように構成し文章や音声で表現するのが苦手な児童の読解の様相を知る手がかりとして朗読が有効であること，よりよい朗読授業構築のためには，教科書教材の脚本化が有効であることを述べた。

脚本化された本文を用いることは，読解の視点が明確となることから，読み込みがしやすくなり，深い読みにつながることは明らかである。しかし，一方で脚本化した教材を使った授業ばかりを展開すると，「柱」，「ト書き」，「セリフ」という要素別に分けられていない従来の本文から，それらを読み取る能力が育たないことも当然想定される。しかし，物語の本文はそのような要素でできているのだということを知ることで，脚本化本文を使った授業をする以前よりも要素を意識して従来の本文を読むことができるのである。

今後，機会を得て，今回脚本化した『ごんぎつね』本文を使い，文章読解を根本とした朗読授業をおこない，その有効性の検証を試みたい。

4.2　認知行動療法の考え方を応用した素材分析①
——演じ聞かせのための絵本分析の場合——

〔本節のキーワード〕
認知行動療法，基本モデル・物語の基本構造，演じ聞かせ，素材分析，絵本，「ほげちゃん」，認知行動分析シート，客観的分析，視覚化

4.2.1　研究の背景

「国語に関する世論調査」（文化庁，2013）における「人が最も読書すべき時期はいつ頃だと考えるか。」(調査対象者は，全国16歳以上の男女3473人）の調査結果をその割合を高い順に並べると，10歳代（44.8%），年齢に関係なくいつでも（20.2%），9歳以下（16.6%），20歳代（10.7%）となり，19歳以下が読書習慣をつけるべき重要な時期と強く認識されていることが明らかになった。

また,「第65回学校読書調査」(全国学校図書館協議会・毎日新聞社，2019）の「5月1か月間の平均読書冊数」（調査対象者は，全国の小学校4年生から高校3年生までで，小学生3461人・中学生2570人・高校生3479人）の結果をもとに，2009年と2019年（ここ10年間）を比較すると，小学生「8.6冊→11.3冊」（2.7冊増），中学生「3.7冊→4.7冊」（1.0冊増），高校生「1.7冊→1.4冊」（0.3冊減）と，全体として読書習慣は改善傾向にあるとみられる。

しかし，同調査の「不読者の割合」について同様に比較すると，小学生「5.4%→6.8%」（1.4%増），中学生「13.2%→12.5%」（0.7減），高校生「47.0%→55.3%」（8.3%増）で，全体として不読層が増加傾向にあることがわかる。

冒頭，文化庁（2013）の読書習慣をつけるためには19歳以下の読書が大切であるとの調査結果があるにもかかわらず，実情は読書に対する興味・関心がそれほど高くないのである。よって，小学校課程を中心に早期から読書習慣を身に付けさせるための方策を早急に打つ必要がある。

吉田・薮中（2015）は，小学校1・2年生を対象に，「幼児期における家庭

での絵本の読み聞かせの状況と現在の読書に対する態度等」を質問紙により調査した結果として「(家庭における) 幼児期の絵本の読み聞かせは，就学後の読書に影響を与え」(p.44) るとの指摘をしている。ここから，絵本の読み聞かせは，読書習慣を付けるための初期段階の手立てとして有効だと考えるのである。よって，小学校就業前の乳幼児，絵本に興味を持たせるためにどのような読み聞かせを提供するかが課題となる。

4.2.2 研究過程と目的

筆者は，前掲吉田・薮中 (2015) の「幼児期の絵本の読み聞かせは，就学後の読書に影響を与え」るとの指摘を踏まえ，読書習慣を付けるための初期段階の手立てとして，公的施設や幼稚園・保育所等でストーリー性のある物語系の絵本を中心に読み聞かせをおこなってきた。当初，感情や抑揚を抑え，淡々と読むことで，こどもに想像を委ねるという従来の方法で読み聞かせをおこなったが，なかなか絵本の世界に入れないこどもが一定数いることがわかった。一方で，紙芝居をおこなった場合は，絵本の読み聞かせに比べてその世界に浸ることが確認できた。ここにある差は，感情表現の有無である。

筆者の読み聞かせの意図が，読書を習慣付けるきっかけ作りであることを考慮すると，絵本の読み聞かせにも，紙芝居や朗読のように「演じる」ことが必要となると考え，演じる形の読み聞かせ (以下，「演じ聞かせ」) をおこなったところ，以前の読み聞かせよりも集中して絵本の世界に入るこどもが増えた。ただ，内容や登場人物の感情の読み取り，音声の強弱や抑揚など，演じる段の根拠がおおよそ主観的であることに問題を感じていた。

物語系絵本は，登場人物の喜怒哀楽といった心情の変化とそれに付随する行動の変化が基本的に描かれている。その変化を客観的視点から読み取ることが，「演じる」際の問題である主観的読みを打破する方法だと考えたのである。そこで注目したものが，認知行動療法の考え方を応用した分析方法である。この方法を導入後，絵本の演じ聞かせをおこなった結果，以前よりもこどもの絵本に対する興味や，もっと読んでほしいという要望が増えた。

本稿では，主観的読みを打破する方法としての，認知行動療法の考え方と応用方法を提示し，その有用性を明らかにすることを目的とする。

図表 25　物語の基本構造

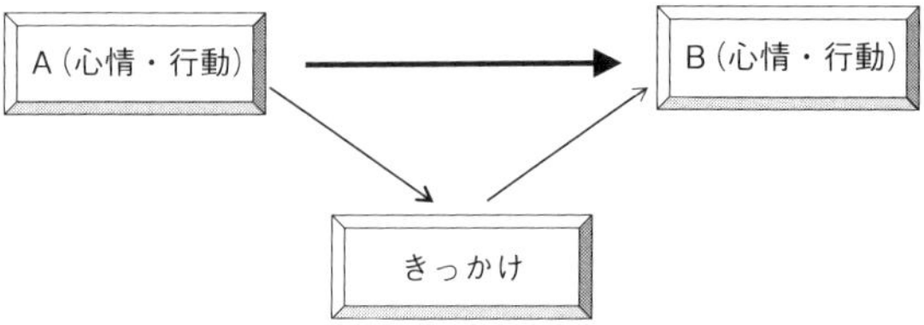

4.2.3　物語系絵本の基本構造と認知行動療法の考え方を導入する妥当性

物語系絵本は，登場人物の設定と，その心情と行動が中心に描かれることを基本とする。その際，自己あるいは他者・事物と向き合うことで，心が動かされたり，新たな行動に出たりすることを繰り返すことで，内容の面白みや感動を生みだすのである。例を挙げて詳細するならば，「さっきまで笑っていた人が，なぜか急に泣きだしたぞ。どうしたのだろう？」というように，登場人物の心情や行動の「A→B」の変化と，なぜそうなったのか（きっかけ）の 3 点が揃うことで物語が成立する。つまり，図表 25 の物語の基本構造となるのである。

物語系絵本の主観的読みを打破するためには，どのように客観的な分析をするかが課題となるが，そこで注目したものが認知行動療法の考え方である。現在の認知行動療法に至る系譜については，下山（2011）に詳しいが，認知療法あるいは行動療法の系譜を経て現在に至る。現状，団体・カウンセラーにより捉え方に若干の相違はあるものの，人間は，何かしらきっかけとなる出来事を発端に，「認知（思考）」，「行動」，「感情」，「生理的反応」の 4 つが相互に関係しあうシステム（図表 26）を持つことで成り立っているという点では一定の共通理解を得ているものと考える。

この認知行動療法は，クライエントの心の負荷（ストレス）を和らげるために，「出来事（＝きっかけ）」と 4 つの視点によって，複雑に絡まった心的状態を分解・分析し，クライエント自身に気づきを促す療法である。物語系絵本の登場人物も「きっかけ」により「心情」「行動」が変化する（図表 26）という同様の構造を持っていることから，認知行動療法の考え方を物語系絵

図表 26　認知行動療法の基本モデル

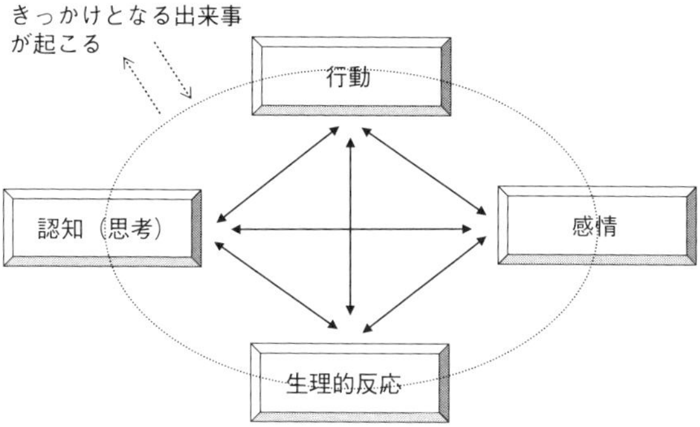

本の分析に導入することは有効だと考えたのである。

4.2.4　認知行動分析シートと分析サンプル

物語系絵本の分析方法には，永作（2012）考案の「認知行動分析シート」を活用した。これは，クライエントの心的状態を視覚化・客観化でき，自己変革を促す優れた分析シートである。図表 27 は，「認知行動分析シート」に筆者が教室でよくある状況をもとにサンプルケースとして書き込んだものである。

サンプルケースは，「自分の考えに自信が持てず，授業中に発表することができない生徒」を想定したものである。認知行動療法の目標としては，「自信を持って発表できるよう改善する」ことである。認知行動療法の特徴は，「認知」あるいは「行動」にアプローチすることで，改善を促すことである。今回のサンプルケースでは，例えば，アプローチ者を教師と想定すると，教師は，認知（3）「これで答えは合っているのかな」という考え方をどう変えてあげるかが，重要となる。しかし，教師は，ケースのような生徒に対して，感情（4）「不安」や生理的反応（5）に着目し，「ため息ついてどうした？　自信ないか？　答えを間違うことも勉強，心配せずにとりあえず発表してごらん」と声かけをするケースがまま見受けられる。これでは，その瞬間の気持ちは軽くなるものの，その声かけの結果，自信を持って発表するという状態へは直結せず，根本的な解決に至らない。この場合，「答えが合っている」，

図表 27　認知行動分析シートサンプル

きっかけ・状況	認知（思考）	行動	感情	生理的反応
1 自分の考えに自信が持てない	3 答えはこれで合っているのかな	2 じっと黙り込む	4 不安	5 ため息が出る
6 先生が「みんな最低でも1回は発表しましょう」と言う	8 間違った答えを発表したらみんなに笑われるよね…	9 先生に当てられないように，下を向き，視線をそらす。	7 憂鬱	10 心臓の鼓動が少し早くなる
11 先生が「まだ発表をしていない人がいますよね」と言う	12 なぜ，全員発表しないといけないの？もう答え出たかいいじゃん…	14 少し視線を上げ，まだ発表していない友達の様子をうかがう	13 焦りと若干の嫌悪感	15 心臓の鼓動が早くなる
16 先生が「まだ発表していない人手を挙げましょう」と言う	18 なぜ，犯人探しみたいなことを先生はするのだろう	19 下を向きつつも，先生をにらみつけるようにする	17 嫌悪感とイライラ	20 目が吊り上がり，貧乏ゆすりをする

あるいは「良い発想である」ことを本人に自覚させることが大切となる。例えば，アプローチ法のひとつとして筆者がおこなった方法は，発表前の試行段階時における机間指導などで，解答の書かれたノートに丸を付ける，良い発想をしている，みんなにその考え方を教えてあげてほしいなどのコメントを記入し，考えに対して背中を押してあげる（お墨付きを与える）活動である。当然，もう少し考えてほしい場合は再考を促すコメントを書くのであるが，これを繰り返すことで，徐々に解答が洗練され発表に対する自信を持っていくことになる。

このように，認知行動分析シートにより，クライエントの状態を，視点に分け分解することで，客観化でき，アプローチポイントが明確にできるのである。

4.2.5　絵本本文の分析――やぎたみこ「ほげちゃん」を例に――

物語系絵本も，基本的には登場人物が設定され，その人物の心情・行動の変化を丁寧に読み取ることが読解の鍵となるはずで，先に示した永作(2012)認知行動分析シートは，クライエントの状態を把握するのと同様，登場人物の状態を把握する方法として有効だと考える。

有効性を検証するために，絵本「ほげちゃん」（やぎたみこ，2011）の一部分を一例として「認知行動分析シート」による分析を試みた。

1）「ほげちゃん」あらすじ

まさるおじさんから，ゆうちゃんに，かばみたいなぬいぐるみが贈られる。そのぬいぐるみに，ゆうちゃんのお父さんは「ほげちゃん」と名付ける。ほげちゃんは家族の一員として日々過ごすが，ドアに挟まれたり，お父さんにおならを吹っかけられたりと，日々つらい目に合う。

ある日，ゆうちゃん家族がおでかけすることになり，ほげちゃんはねこのムウとお留守番をすることになる。そのとき，ほげちゃんは「ゆるせなーい」とのことばとともに，動き出す。普段虐げられていると感じていたほげちゃんは，部屋の中を駆け回り，部屋の中を散らかし，ぐちゃぐちゃにしてしまう。それでも気が済まないほげちゃんは，ケチャップを部屋にまき散らしてやろうと考え，冷蔵庫によじ登るが，ねこのムウに邪魔をされて，冷蔵庫からケチャップとともに落下，ケチャップまみれになって，動けなくなる。

そこで，家族が帰ってきて，部屋の惨状を見て，ねこのムウのせいだと思う。ケチャップまみれになったほげちゃんを発見したゆうちゃんとお母さんは，ほげちゃんをやさしく洗ってあげる。外に干されたほげちゃんは，少し笑みを浮かべ，「今日はなんだかいい日だ」とつぶやく。

2）分析対象場面の本文のシートへの書き込み結果

分析対象場面は，あらすじで示したうち，ほげちゃんが留守番をすることになり動き出す場面から，ケチャップまみれになり動けなくなる場面までとする。登場人物である「ほげちゃん」をクライエントとし，絵本本文の地の文，会話文の内容をもとに「認知行動シート」への書き込みをおこなった結果が，図表28である。シートの左上の番号1～22は本文における出現順を表し，本文から読み取れない情報は空白とした。

図表 28 「ほげちゃん」分析シート書き込み結果

きっかけ・状況	認知（思考）	行動	感情	生理的反応
1 ねこのムウと留守番をすることになる		2 ぬいぐるみが動き出す		
3 家族にこれまで虐げられてきた	4 ゆるせない！	7 部屋を荒らす「こんな家めっちゃくちゃのぎったぎたのばっこばこにしてやる！」	5 怒り	6 怒りに体が震え，目がつり上がる
8 さまざまな仕返しをする		9 ティッシュをまき散らしたり，ごみばこをひっくり返したりする		
10 まだ気がすまない	11 ケチャップをまき散らしてもっと汚くしてやる	12 冷蔵庫によじ登りケチャップを探す		
13 冷蔵庫を開ける	15 子持ちししゃもムウ食べるかな？	14 ゆうちゃんのお子様プリンやお父さんの子持ちししゃもを見つける		
16 ケチャップを見つけるも行く手をムウに阻まれる	17 わっ，やめて，ムウー！	18 床に向かって落ちていく		
19 ケチャップまみれ	21 やっ，やられた，からだが重い（もうダメだ…）	20 床に落ちる		22 体が動かなくなる 体に力が入らない

分析シート書き込み結果から「ほげちゃん」の本文の特徴は，「きっかけ・状況」と「認知」「行動」は，文章として書かれているものの，「感情」「生理的反応」はおよそ書かれていないことがわかった。

3）本文分析——演じ聞かせのための客観的読み——

本稿の目的は，物語系絵本の登場人物の心情の変化とそれに付随する行動の変化を客観的視点で読み取ることであり，そのひとつの方法として，認知行動分析シートで本文を分解，客観化を図った。ここで注目すべき点は，小学校の国語科授業でもおこなわれる学習活動であるが，行間を読むこと，つまり，描かれていないところをどう捉えるかである。

先述のように「ほげちゃん」は，「感情」「生理的反応」が文章としてほとんど書かれていない。そこで，演じ聞かせの拠り所となる情報を増やすために，前後の文脈や，絵本の特徴である「絵」から推測し，「感情」「生理的反応」を中心にできる限り空欄への書き入れを試みた。その結果が図表 29 である。図表中，下線をつけて示したものが推測し書き入れた内容である。

例えば，図表 29 の 2 段目，(3)「家族にこれまで虐げられてきた」の段については，すべての情報が本文に書かれていることから，どのように演じればよいかがわかりやすい。この場面には，

> 「きたないだって？　いったいぜんたいだれのせい？　だいたいぼくはカバじゃなくてクマなのに！　[……]　このケチャップのシミだってずーっとがまんしてきんだ！」
> 「もう～こんないえ，めっちゃくちゃのぎったぎたのばっこばこにしてやる！」

というセリフが設定されている。図表 29 をもとに分析すると，

認知：ゆるせない！→①発言内容から敵対的及び攻撃的様相
行動：部屋を荒らす→②これまで自分がされてきたことと同じことをして家族を嫌な気持ちにさせたい（反省をしてほしい）
感情：怒り→③冷静ではなく，怒りに任せて
生理的反応：④怒りに体が震え，目がつり上がる→演じるときも同じような雰囲気で

図表 29 「ほげちゃん」空欄への書き入れ結果

きっかけ・状況	認知（思考）	行動	感情	生理的反応
1 ねこのムウと留守番をすることになる		2 ぬいぐるみが動き出す		
3 家族にこれまで虐げられてきた	4 ゆるせない！	7 部屋を荒らす「こんな家めっちゃくちゃのぎったぎたのばっこばこにしてやる！」	5 怒り	6 怒りに体が震え，目がつり上がる
8 さまざまな仕返しをする	★ 絶対にゆるせない！仕返しをしてやる！	9 ティッシュをまき散らしたり，ごみばこをひっくり返したりする	★ 怒り心頭	★ 頭に血がのぼる 顔が真っ赤になる 早口になる
10 まだ気がすまない	11 ケチャップをまき散らしてもっと汚くしてやる	12 冷蔵庫によじ登りケチャップを探す	★ すっきりせずに，イライラ	★ 貧乏ゆすり 地団駄を踏む
13 冷蔵庫を開ける	15 子持ちししゃもムウ食べるかな？	14 ゆうちゃんのお子様プリンやお父さんの子持ちししゃもを見つける	★ 一瞬穏やかになる	★ 緊張状態から若干解放される
16 ケチャップを見つけるも行く手をムウに阻まれる	17 わっ，やめて，ムウー！	18 床に向かって落ちていく	★ 焦りからあきらめへ	★ 体が言うことを聞かない
19 ケチャップまみれ	21 やっ，やられた，からだが重い（もうダメだ…）	20 床に落ちる	★ 虚しさ 焦燥感	22 体が動かなくなる 体に力が入らない

となり，①〜④を客観的根拠に演じ聞かせをすれば，絵本の世界をより現実的に演じることができる。

一方で，例えば，図表 29 の 3 段目，(8)「さまざまな仕返しをする」段については，2 段目とは異なり，行動のみしかわからないため，演じるための根拠に乏しい。よって，空欄部を推測により書き入れる必要がある。

前後の文脈，当該ページの絵から推測し，「仕返しをしてやる」という考えのもと，「怒り心頭」，「真っ赤な顔」で，「早口」でと書き入れることで，この場面を，2段目のように演じることができるようになる。

4.2.6 物語系絵本の内容分析に認知行動分析シートを活用する有用性

物語系絵本の内容を分析に，認知行動分析シートを活用すると以下の3点においてその効果を発揮する。

(1) 何が描かれているか，何を読み取るべきかを整理することができる。
　＊「ほげちゃん」の場合「認知・行動」の情報はあるが，「心情・生理現象（身体反応）」に関する情報は少ない。

(2) 絵本に書かれている文字情報をもとに，何が書かれていて，何が書かれていないかを視覚的に捉えることができる。
　＊「ほげちゃん」の場合「認知・行動」の部分から，「心情・生理現象（身体反応）」を推測。

(3) イメージや感覚での読み聞かせとは異なり，分析シートで視覚化することで絵本の内容をより客観的に分析することができる。

つまり，認知行動療法の考え方を導入することで，一貫した読みを土台とした読みにより紙芝居のような抑揚や声による演出，簡単な動作化による演出の想定が容易となり，その世界観をより現実的に表現することが可能となることで，より興味を引く演じ聞かせを提供することができるのである。

このように，認知行動療法の考え方による「認知行動分析シート」による本文分析は，登場人物の状態を客観的視できる上，「演じ聞かせ」に必要な読みの要素を客観的分析のもとに抽出することができる点で，有効な方法といえる。

4.3　認知行動療法の考え方を応用した素材分析②
――小学校物語教材の分析と発問づくり――

〔本節のキーワード〕
認知行動療法，物語教材，さんねん峠，ごんぎつね，認知分析シート，客観的分析，視覚化，教材研究への活用

4.3.1　研究の目的

前節（4.2）で述べた物語系絵本の内容分析法として有効性を確認した認知行動療法の考え方は，国語科の教材である物語・小説文の授業において，登場人物の心情・行動を視覚的に捉え，その情報をもとに思考活動ができる点でその応用度は高い。

本稿では，小学校物語教材のうち，長年教科書教材として採用された定番化教材ともいえる李錦玉「さんねん峠」（3 年生教材），新美南吉「ごんぎつね」（4 年生教材）のそれぞれの展開における転機（ターニングポイント）となる場面を取り上げ，前節で活用した永作（2012）「認知行動分析シート」を用いた素材の分析とそこから導き出せる発問の提案をおこない，「きっかけ・認知・行動・感情・生理的反応」を視覚化・客観化が可能な認知行動療法の考え方を国語科物語素材研究のひとつの方法として導入することの意味と効果を論じる。

4.3.2 「さんねん峠」の場合

「さんねん峠」（以下，教科書表記に合わせて「三年とうげ」と表記）のストーリーを成立させるために最も重要な要素は，「トルトリの存在・発想」と「おじいさんの思考の変化」である。この 2 つの要素が欠けると，「病気のおじいさん」から「元気に幸せに過ごすおじいさん」へと変化することができない。つまり，この場面が「三年とうげ」展開上の転機（ターニングポイント）といえる。よって，トルトリがおじいさんのところにアドバイスにくる場面を対象に分析をする。

1）分析対象本文

引用本文は，李（1981 : pp.16－20）を用い，引用に際し3年生までに既習の漢字については原文のひらがなを漢字に改めた。また，おじいさんを分析対象（クライエント）とし，認知行動分析の視点の「きっかけ・状況」にまつわる記述には下線を，「認知（思考）」「行動」「感情」「生理的反応」にまつわる記述には二重下線を引いた。

〈分析対象本文〉

そんなある日のこと。水車やのトルトリが，みまいに来ました。

「おいらの言うとおりにすれば，おじいさんの病気はきっとなおるよ。」

「どうすればなおるんじゃ。」

おじいさんはふとんから顔を出しました。

「なおるとも，三年とうげで，もう一度，転ぶんだよ。」

「ばかな！わしに，もっと早く死ねというのか！」

「そうじゃないんだよ。一度転ぶと，三年生きるんだろ。二度転べば六年，三度転べば，九年。四度転べば十二年。このように何度も転べば，うーんと長生きできるはずだよ。」

おじいさんはしばらく考えていましたが，うなづきました。

「うん，なるほどなるほど。」

そしてふとんからはね起きると，三年とうげに行き，わざとひっくり返り転びました。

2）分析対象場面の本文のシートへの書き込み結果

対象本文の「認知行動シート」への書き込み結果が，図表30である。シートの左上の番号1～14は本文における出現順を表し，本文から読み取れない情報は空欄とした。

分析シートへの書き込み結果から「三年とうげ」の本文の特徴は，トルトリの逆転の発想による「きっかけ」が発端となり，おじいさんの「認知」に変化が起こったことでおじいさんが正の「行動」に出て，状況が好転してい

図表 30 「三年とうげ」分析シート書き込み結果

きっかけ・状況	認知（思考）	行動	感情	生理的反応
1 水車やのトルトリがみまいに来る				
2 トルトリが，自分の言うとおりにすれば病気が治ると言う	3 どうすればなおるんじゃ？	4 ふとんから顔を出す		
5 トルトリが，もう一度三年とうげで転ぶといいと言う	6 わしに，もっと早く死ねというのか！		7 怒り（「ばかな！」という表現から）	
8 トルトリが，一度転ぶと三年生きることを根拠に何度も転べば長生きできると言う	9 考える	10 うなづく		
		11 「うん，なるほどなるほど」と言う		
		12 ふとんからはね起きる		
		13 三年とうげに行く		
		14 わざとひっくり返り転ぶ		

ること，おじいさんの「感情」に関する直接的記述はないということである。この場面で，特に注目すべきは，トルトリの機転の利いた発想により，おじ

いさんの状況が好転した点である。

3）発問の設定

図表30から，発問作成の鍵は，トルトリの与えたきっかけと，おじいさんの「認知」と「行動」の変化と，具体的記述のない「感情」の推測（行間の読み取り）である。

〈発問の提案〉

(1) 図表30の2段目（通番2・3・4）

きっかけ：トルトリが，自分の言うとおりにすれば病気が治ると言う

認知：どうすればなおるんじゃ？

行動：ふとんから顔を出す

感情：×

生理的反応：×

→発問（1）a：トルトリの病気がなおると言ったことに対して，「どうすればなおるんじゃ？」とふとんから顔を出したときのおじいさんは，どのような気持ちだったでしょうか。【感情を問う】

発問（1）b：おじいさんがふとんから顔を出したとき，そのような動き，どのような表情で顔を出したと思いますか。【生理的反応を問う】

(2) 図表30の3段目（通番5・6・7）

きっかけ：トルトリが，もう一度三年とうげで転ぶといいと言う

認知：わしに，もっと早く死ねというのか！

行動：×

感情：怒り（「ばかな！」という表現から）

生理的反応：×

→発問（2）a：トルトリのもう一度転ぶという提案に対して，おじいさんが「わしに，もっと早く死ねというのか！」と怒った

のはなぜですか【認知を問う】

発問（2）b：「わしにもっと早く死ねというのか！」と怒ったとき，おじいさんはどのような動きをしていたと思いますか。【行動を問う】

（3）図表30の4・5段目（通番8・9・10・11）

きっかけ：トルトリが，一度転ぶと三年生きることを根拠に何度も転べば長生きできると言う

認知：考える

行動：10 うなづく

11「うん，なるほどなるほど」と言う

感情：×

生理的反応：×

→発問（3）a：おじいさんは，あたまの中で何かを考えていますが，どのようなことを考えていたと思いますか。【認知を問う】

発問（3）b：おじいさんは，あたまの中で何かを考えているとき，どのような気持ちだったと考えますか。【感情を問う】

発問（3）c：最初は怒っていたおじいさんが，トルトリが考えたことを聞いて，なぜ「うなづいて，うん，なるほどなるほど」と納得したのだと考えますか。【認知を問う】

発問（3）d：おじいさんはどのような気持ちで「うなづいて，うん，なるほどなるほど」と言ったと考えますか。【認知を問う】

発問（3）e：トルトリが「そうじゃないんだよ。一度転ぶと，三年生きるんだろ。二度転べば六年，三度転べば，九年。四度転べば十二年。このように何度も転べば，うーんと長生きできるはずだよ。」と考えられたのはなぜだと考えますか。（個人活動・ペア活動・班活動）【主体的学び・対話的学びを促す問い】

(4) 図表30の6・7段目（通番12・13）

認知：×

行動：11 ふとんからはね起きる

12 三年とうげに行く

感情：×

生理的反応：×

→発問（4） a：おじいさんははね起きたとき，何か考えていたと思いますか。考えていたとすると，どのようなことを考えていたでしょうか。【認知を問う】

発問（4） b：おじいさんは，どのような気持ちではね起きたと考えますか。【感情を問う】

発問（4） c：おじいさんは，何か考えながら三年とうげに向かったと思いますか。考えていたとすると，どのようなことを考えていたでしょうか。【認知を問う】

発問（4） d：おじいさんは，三年とうげに向かっているとき，どのような気持ちだったと考えますか。【感情を問う】

発問（4） e：おじいさんが，ふとんからはね起き，三年とうげに着くまでの間，どのような気持ちで，どのようなことを考えていたでしょうか。（個人活動・ペア活動・班活動）【主体的学び・対話的学びを促す問い】

(5) 図表30の8段目（通番14）

認知：×

行動：わざとひっくり返り転ぶ

感情：×

生理的反応：×

→発問（5） a：わざとひっくり返って転んだおじいさんは何か考えていたでしょうか。考えていたとすると，どのようなことを考えていたでしょうか。【認知を問う】

発問（5） b：わざとひっくり返って転んだおじいさんはどのような気

分だったでしょうか。【感情を問う】

発問（5）c：おじいさんがひっくり返ったり転んだりしている様子はどのようなものだったでしょうか。（動作化・演じる）【行動を問う】

（6）認知行動分析シートの活用（主体的・対話的で深い学び）

児童と一緒に対象部分を読みながら，「認知・行動・感情：生理的反応」を記入する活動をおこなった上で，以下の発問が想定できる。

→発問（4）a：ワークシートの空欄部分を，本文の内容や挿絵を参考に想像して，できるだけ書き込みましょう【主体的学びを促す問い】

発問（4）b：ワークシートの空欄部分を，本文の内容や挿絵を参考に班（あるいはペア）で想像して，できるだけ書き込みましょう【対話的学びを促す問い】

発問（4）c：分析シートに書き込んだ内容をもとに，病気だったおじいさんが元気になっていく場面のおじいさんの様子や気持ちを考えてみましょう。【深い学びを促す問い】

2）「三年とうげ」の発問の展開

対象場面においては，トルトリの意見をきっかけにしたおじいさんの「行動」の変化が中心に書かれており，「認知」や「感情」は具体的に書かれていない。よって，おじいさんの「行動」の読み取りを土台とした発問，及び，おじいさんの「認知」と「感情」の推測をする形の発問作成が中心となる。

4.3.3 「ごんぎつね」の場合

「ごんぎつね」のストーリーを成立させるために最も重要な要素は，「兵十のおっ母の死」と「その死に対するごんの自問自答」である。この２つの要素が欠けると，「いたずらが大好きなごん」から「つぐない（後に存在に気づいてほしい）の行動をするごん」へと変化することができない。つまり，この場面が「ごんぎつね」展開上の転機（ターニングポイント）といえる。

よって，お墓で兵十のおっ母の死を知り，その晩洞穴で考える場面を対象に分析をする。

1）分析対象本文

引用本文は，半田市教育委員会（2012：pp.16－23）を用い，認知行動分析の視点の「きっかけ・状況」にまつわる記述には下線を，「認知（思考）」「行動」「感情」「生理的反応」にまつわる記述には二重下線を引く。

〈分析対象本文〉

やがて，白い着物を着た葬列のものたちがやって来るのがちらちら見えはじめました。話声も近くなりました。葬列は墓地へはいって来ました。人々が通ったあとには，ひがん花が，ふみおられていました。

ごんはのびあがって見ました。兵十が，白いかみしもをつけて，位牌をささげています。いつもは，赤いさつま芋みたいな元気のいい顔が，きょうは何だかしおれていました。

「ははん，死んだのは兵十のおっ母だ」

ごんはそう思いながら，頭をひっこめました。

その晩，ごんは，穴の中で考えました。

「兵十のおっ母は，床についていて，うなぎが食べたいと言ったにちがいない。それで兵十がはりきり網をもち出したんだ。ところが，わしがいたずらをして，うなぎをとって来てしまった。だから兵十は，おっ母にうなぎを食べさせることができなかった。そのままおっ母は，死んじゃったにちがいない。ああ，うなぎが食べたい，うなぎが食べたいとおもいながら，死んだんだろう。ちょッ，あんないたずらをしなけりゃよかった。」

2）分析対象場面の本文のシートへの書き込み結果

対象本文を「認知行動シート」への書き込み結果が，図表31である。シートの左上の番号1～14は本文における出現順を表し，本文から読み取れない情報は空欄とした。

分析シート書き込み結果から「ごんぎつね」の本文の特徴は，兵十のおっ

図表 31 「ごんぎつね」分析シート書き込み結果

きっかけ・状況	認知（思考）	行動	感情	生理的反応
1 葬列が墓地に入ってくる		2 のびあがって見る		
3 兵十のしおれた様子を見て	4 ははん，死んだのは兵十のおっ母だ	5 頭をひっこめる		
6 穴の中（住み家）で考える	7 （兵十のおっ母は）うなぎが食べたいと言ったに違いない			
〃	8 それで兵十がはりきり網を持ち出したんだ			
〃	9 ところが，わしがいたずらをして，うなぎをとって来てしまった			
〃	10 だから兵十は，おっ母にうなぎを食べさせることができなかった			
〃	11 そのままおっ母は死んじゃったにちがいない			
〃	12 うなぎが食べたい食べたいと思いながら死んだんだろう			
〃	14 あんないたずらをしなけりゃよかった		13 ちょッ	

母の死を知る時点では，「行動」が中心に書かれ動きがあるのに対し，洞穴での自問自答の場面はその動きがピタッと止まり，ひたすら「認知」のみが書かれていることである。特に「感情」の情報は，「ちょッ」しかなく，「生理的反応」の情報はない。

3）発問の設定

図表31から，発問作成の鍵は，ごんの「認知」の変化とそれに連動する「感情」及び行動の推測（行間の読み取り）となる。

〈発問の提案〉

(1) 図表31の2段目（通番4・5）

認知：ははん，死んだのは兵十のおっ母だ

行動：頭をひっこめる

感情：×

生理的反応：×

→発問（1） a：死んだのが兵十のおっ母だと知ったごんは，どのような気持ちで，頭をひっこめたのでしょうか。【感情を問う】

発問（1） b：死んだのが兵十のおっ母だと知り，頭をひっこめるときのごんの心の中のつぶやきを吹き出しに書き，そのセリフを演じてみましょう。【感情を問う】

発問（1） c：死んだのが兵十のおっ母だと知り，頭をひっこめるときのごんの心の中の様子を考えてみましょう。【感情を問う】

(2) 図表31の3〜8段目（通番7・8・9・10・11・12）

認知：7（兵十のおっ母は）うなぎを食べたいといったに違いない。

8 それで兵十がはりきり網を持ちだしたんだ。

9 ところが，わしがいたずらをして，うなぎをとって来てしまった

10 だから兵十は，おっ母にうなぎを食べさせることができなかった

11 そのままおっ母は死んじゃったにちがいない

12 うなぎが食べたい食べたいと思いながら死んだんだろう

行動：×

感情：×

生理的反応：×

→発問（2）a：ごんが，7「うなぎを食べたいといったに違いない。」と思ったとき，どのような表情やしぐさ（動き）をしていたと考えますか。実際に動作化して（演じて）みましょう）。【行動を問う】

※8〜12 も同様の問いが成り立つ

発問（2）b：「うなぎを食べたいといったに違いない。」と思ってから，「うなぎが食べたい食べたいと思いながら死んだんだろう」と思うまで，ごんはいろいろなことを思いました。その間に，ごんの表情や動きに変化があったと考えますか。変化があった場合，どう変わったと考えますか。【行動の変化を問う】

発問（2）c：「うなぎを食べたいといったに違いない。」と思ったとき，ごんはどのような気持ちだったと考えますか。【感情を問う】

※8〜12 も同様の問いが成り立つ

発問（2）d：「うなぎを食べたいといったに違いない。」と思ってから，「うなぎが食べたい食べたいと思いながら死んだんだろう」と思うまで，ごんはいろいろなことを思いました。その間に，ごんの気持ちに変化があったと考えますか。変化があった場合，どう変わったと考えますか。【感情の変化を問う】

（3）図表 31 の 9 段目（通番 13・14）

認知：あんないたずらをしなけりゃよかった

行動：×

感情：ちょッ（ごんの感情を示す表現と捉えられる）

生理的反応：×

→発問（3）a：「あんないたずらをしなけりゃよかった」の「あんないたずら」とは，どのようないたずらですか。ごんはなぜしなけりゃよかったと思ったのですか。【認知を問う】

発問（3）b：「あんないたずらをしなけりゃよかった」と思ったとき，ごんはどのような気持ちだったと考えますか。【感情を問う】

発問（3）c：ごんが，「あんないたずらをしなけりゃよかった」と思ったとき，どのような表情やしぐさ（動き）をしていたと考えますか。実際に動作化して（演じて）みましょう）。【行動を問う】

（4）認知行動分析シートの活用（主体的・対話的で深い学び）

児童と一緒に対象部分を読みながら，「認知・行動・感情：生理的反応」を記入する活動をおこなった上で，以下の発問が想定できる。

→発問（4）a：ワークシートの空欄部分を，本文の内容や挿絵を参考に想像して，できるだけ書き込みましょう【主体的学びを促す問い】

発問（4）b：ワークシートの空欄部分を，本文の内容や挿絵を参考に班（あるいはペア）で想像して，できるだけ書き込みましょう【対話的学びを促す問い】

発問（4）c：分析シートに書き込んだ内容をもとに，洞穴の場面の動作化し（演じ）て，ひとりで悩んでいるごんの様子や気持ちを考えてみましょう。【深い学びを促す問い】

2）「ごんぎつね」の発問の展開

対象場面においては，ごんの「認知」の展開が中心となっており，「行動」や「感情」は具体的に書かれていない。よって，「認知」の展開の読み取りを土台とした発問，及び叙述に沿って，または児童の経験・体験に則って「行動」と「感情」の推測をする形の発問作成が中心となる。

4.3.4 認知行動分析シートを活用した読みの利点

「三年とうげ」(図表30),「ごんぎつね」(図表31) の結果をみてわかるように，シート活用の特徴は，本文に書かれたことを，きっかけ及び4つの要素に分解することで，①何が書かれ何が書かれていないかが視覚的に明確になること，②発問作成の要点を視覚的に捉えられること，つまり情報の視覚化である。

発問は，児童・生徒に必要な能力を育成するために，教材を読み込んだ結果をもとに練っていくことになるが，視覚化した結果をみながら作成すると，今何を問おうとしているのか，どういう要素について問おうとしているのかを教師自身が客観的に把握しやすい。これは，従来おこなわれている脳内で想定したり，書き込みした結果を見て作成したりするよりも，より冷静に，客観的に発問を練ることができる。例えば，本稿で分析対象とした「三年とうげ」「ごんぎつね」本文には「感情」に関する記述は少なく，ここが対象場面において問わなければならない重点的課題となることを視覚的に捉えられるのである。

また，児童・生徒の側からみても，教材本文の内容を，「きっかけ」及び4つの要素に分解して読むことで，書かれていることの関係性を深く考えたり，どうしてこの要素は書かれていないのかを考えたり，もし空欄部を埋めるとするとどうなるかを推測したりする活動へとつながり，教師が発問せずとも，児童・生徒自身が問題・課題意識を持って教材と向き合うことができる。これはまさに，学習指導要領（平成29年）の教科指導で重視される「主体的・対話的で深い学び」である。

以上から，認知行動分析シート活用による読みの利点は，教師側からは，本文内容を視覚化することで，発問作成と問おうとする要素を客観視できる，児童・生徒側からは，視点を持って読む（読みの拠り所を得る）こと，自ら問題や課題を見つける（課題発見の拠り所を得る）ことができることである。

4.3.5 認知行動療法の考え方を国語科物語教材研究に導入する効果と課題

人が何かをきっかけに悩みを抱えたとき，内面では，負の思考が起こり，心が疲弊した状態となり，それに連動するように行動・生理的反応が現れる。認知行動療法の基本的考え方は，その様々なものが複雑に絡み合う負の状態を，「きっかけ」及び「認知・行動・感情・生理的反応」を視点に分解し，現状を視覚化・客観化しようとするものである。

本稿で対象とした物語文はフィクションではあるが，登場人物の苦悩や他者との関係の中における葛藤などは，人間の現実的営みの模倣である。当然，物語に描かれた登場人物をクライエントに見立て，様々なものが複雑に絡み合った内容を，先に示した考え方により要素に分解・視覚化することは可能である。この視覚化は，教師の客観的読みを補助するのみならず，児童・生徒に読みの拠り所を与え，主体的に読む・対話的に読むための発問を生み出し，読みの深化につながるといえ，認知行動療法の考え方を国語科物語教材研究に導入する効果は高いのである。

本稿においては，人に対する分析シートである永作（2012）を活用・応用したが，今後の課題は，多くの物語教材の教材分析をおこなうことを通して，物語文の登場人物の分析に適したシートを考案し，より簡便な分析方法を提供することである。

4.4　テキストマイニングを活用した教材分析の試み
――可視化による読みの起点設定の可能性――

〔本節のキーワード〕
テキストマイニング，KH Coder，活用，物語，客観化，可視化，走れメロス，大造じいさんとガン，頻出語句の抽出，共起ネットワーク，教材の差

4.4.1　研究の背景とテキストマイニング活用の目的

データマイニングというデータ分析のひとつの方法がある。1990年以降パソコンの性能が向上し，特に1995年，社会的現象にもなったWindows95の発売を機に普及が進み，さらに2000年以降インターネットの一般家庭への普及，スマートフォンの開発・普及に伴ったSNSの発展などにより，巷に情報が溢れかえる時代となった。その過多ともいえる情報(ビッグデータ)を，統計処理しようとするものが，データマイニングである。データマイニングソフトの中には，AI（人工知能）技術を活用したものも登場している。

このデータマイニングは，数値的なデータ，行動様式的なデータなど様々なデータを対象に，クロス集計，回帰分析，クラスター分析などの統計手法を用いて，データの関連性や見える化に一役買っている。特に，企業を中心としたビジネス分野において活用され，マーケティングリサーチによる満足度向上，販売促進，品質向上，新製品開発などに活用され，その効果が実証されている。

本稿で扱うテキストマイニングは，このデータマイニングのひとつで，文字情報（テキストデータ）に特化しておこなう分析法である。那須川（2009：p.369）は，テキストマイニングの構成要素を次のようにまとめている。

・情報抽出――分析対象データに含まれるテキスト（原文）を処理し，表現される内容をマイニング可能な形式で取り出す。
・マイニング（統計処理）――情報抽出結果に何らかの統計的な処理を行い，共起パタンや増減パタンなどの特徴量を算出する。

・視覚化――マイニング結果を表示するとともに，その結果を構成する原文を参照可能にするなど，表示内容で着目した部分の深堀りや試行錯誤を容易にするためのインターフェイスとなる。

筆者の考えるテキストマイニングの最も重視すべき利点は，那須川のいう「視覚化」である。これまで国語科における教材研究は，教師が手動でできる範囲での簡易的，主観的な言語処理と教師による読解の結果を反映したものが主流で，現状の視覚化としては，段落ごとの要旨を系統的に配列したもの，文章構成を展開図として系統図的に表したものが活用されてきた。つまり，主観的読みの上に成り立つものであった。一方で，テキストマイニングは，統計学的見地による客観的方法であり，これまで主観的におこなわれてきた教材研究の成果に対する客観的裏付けを与えたり，新たな視点を与えてくれるものとして大いに期待されるのである。また，これまでおこなわれることのなかった客観的分析結果による情報の視覚化は，これまで見えなかった新たな読みの視点に気づき，学習の「深堀りや試行錯誤」のための新たな要点を見いだすことで，新たな課題や問いの発見につながると考えるのである。

そこで，本稿では，テキストマイニングによる分析例を示し，教材の視覚化が教材研究の視点のひとつとなる可能性を示すことを目的とする。

4.4.2　文学研究のテキストマイニング活用の現状と国語科教育への活用

データマイニングにせよ，テキストマイニングにせよ，その活用の中心は，ビジネス分野である。しかし，近年では，大学教育や学校教育に関する分析に活用されつつある。寺本（2011），柴田（2020）などの研究が示すように，2010 年以降現在に至るまで大学生を対象にテキストマイニングを活用した研究は継続中である。一方で福谷・皆川（2019）や福島（2020）のように，小学校・中学校・高校学校の学びに関する研究は，先行研究を概観するとここ 3 年ほどで活性化してきたようである。

ビジネス分野での活用に比べ，その活用は日が浅いが，教育分野へもその活用が波及してきていることは事実である。

では，本稿で扱おうとする作品（特に文学作品）研究に対するテキストマイニングの活用の現状はどうであろうか。

例えば，深澤・沢登（2016）は，『伊勢物語』『土佐日記』『枕草子』『更科日記』『宇治拾遺物語』『徒然草』『おくの細道』を対象に，係助詞の出現率を視点に分析した結果，『宇治拾遺物語』が他の作品と傾向が違うことを明らかにした。また，深澤・沢登（2017）では，勅撰和歌集のうち八代集（古今集・後撰集・拾遺集・後拾遺集・金葉集・詞花集・千載集・新古今集）を対象に，品詞の出現数を視点に分析した結果，「後撰集」が他集と比べ質を異にすることを明らかにした。深澤・沢登は，十三代集（第9番目の「新勅撰集」以降「新続古今集」までの13集をまとめた名称）に対しても同様の研究をおこなっている。さらに，平本・蓬莱・河原井（2018）は，説話文学である『古今著聞集』を対象に，単語の出現頻度を視点として分析した結果，抄入として疑義のある説話4話は，すべて抄入説話であることを明らかにした。

このように，深澤・沢登をはじめとして，徐々に文学研究においてもテキストマイニング活用が始まっている。前掲，平本・蓬莱・河原井（2018）の末文にある「テキストデータにおける単語の出現頻度を算出し，テキストの定量化を図ることによって，個々の作品の特徴を浮き彫りにすることができる。」（p.20）との指摘からわかるように，テキストマイニングによる作品分析は，その作品の特徴を明らかにする方法として有効といえる。

このことを踏まえると，テキストマイニングを教科書に掲載される文学的作品の教材解釈の方法のひとつとして活用することで，作品の特徴のみならず，新たな読みの視点や発問の視点，新たな授業展開の構築へとつながる可能性を秘めると考えるのである。

4.4.3　使用するソフトと分析の視点・設定

1）使用ソフトについて

テキストマイニングで活用されるソフトはいくつかあるが，誰もが活用できる無料ソフトもあり，導入のための金銭的問題も解決できる。長年にわたり活用されてきたソフト①「R」を代表に，②「KH Coder 3」（樋口，2001），また，パソコンなどにインストールせずインターネット上で直接入力・分析できるAI技術を活用した③「User Local AIテキストマイニング」（ユーザーローカル，2007）などが挙げられる。

①はテキストマイニングに長年活用され都度改善されてきた点で安定性は高く，先行研究も多いことから活用方法や事例は多い。

③は，インターネット上で誰もが気楽にテキストマイニングを利用できる点で有効である。また，太宰治『走れメロス』が分析サンプルとして提示され，「単語出現頻度」，「共起キーワード」，「2次元マップ」，「階層的クラスタリング」の結果の視覚化したものをサンプルとして提供しており，文学作品の分析の可能性を示唆している。特に注目すべきは「感情分析AI（ベータ版）が機能として搭載されており，文章の全体を支配する感情イメージや感情の推移を視覚化できる点で優れている。

①・③には多くの利点はあるものの，本稿では，②分析上の詳細な設定が可能な「KH Coder（Ver.3）」を使用する。

2）分析における設定と分析結果の読み方

本稿では，KH Coderの持つ機能（コマンド）のうち，a「抽出語リスト」とb「共起ネットワーク」を活用し，論じることとする。

a「抽出語リスト」は，対象データから抽出した語を，出現頻度の高い順に並べたリストであり，頻出語の傾向を視覚的に捉えることができるものである。

また，b「共起ネットワーク」は，対象データから抽出された語を基礎データとし，語と語が同時に出現する結びつき（＝共起の関係）の強さを把握するものである。結果は，共起の関係が直感的に把握できるよう，強い結びつきを持つ語と語を線で結んだネットワーク図として出力され，視覚化される。

分析にあたって，「出現数による語の取捨選択（最大値・最小値の設定も可）」，「品詞による語の取捨選択（品詞ごとに詳細に設定可）」，「描画する共起関係の選択（上位何語まで，係数設定可）」が詳細に設定できる。また，結果を示す図は，共起の関係が強いほど線は太く，出現頻度が多いほど円が大きい。また，その円の色が濃いほど，データ上中心的役割を果たす語であることを示す。

本稿では，作品間の比較研究も視野に入れていることから，設定は共通とした。その設定は以下のとおりである。

・抽出語リスト作成時の品詞による語の選択はKH Coderの「既定値」により，リストの提示は頻出30語とする
・出現数による語の取捨選択は，最小値を「3」とする
・共起ネットワーク作成時の品詞による語の選択はKH Coderの「既定値」により，描画する共起関係の選択は，上位40語までとする
・「強い共起関係ほど濃い線に」にチェックを入れる

また，共起ネットワークの図の提示に際し，意味のあるつながりと考えられる語句群は，筆者により破線で囲み，それぞれに①・②……と番号をふった。

本稿において使用するKH Coderのよりよい活用をめざすために，樋口（2004），樋口（2014），末吉（2019）を参照した。

4.4.4　分析対象教材とそれぞれの分析結果

データ分析の対象教材は，「大造じいさんとガン」（小学校高学年），「走れメロス」（中学校）の2作品である。

1)「大造じいさんとガン」

分析本文は，椋鳩十『大造じいさんとガン（偕成社文庫3062)』（偕成社，2019年）所収「大造じいさんとガン」（pp.7－21）を底本に，デジタルデータ化したものを用いる。データ化に際し，分析を円滑に進めるため，漢字を常用漢字に改めるなど一部修正を施した。

分析に際しておこなった前処理の結果，「大造じいさんとガン」における分析対象データは100段落167文，総抽出語数（延べ語数）は3048語，異なり語数（出現した語の種類）677語であった。

〔分析① 頻出上位30語の抽出〕

抽出リスト（本節末，図表32a）から，当該物語の読みにおける主キーワードの抽出をおこない，そのキーワードから想定される物語の枠組みを示す。

主キーワードは「ガン・残雪・大造じいさん・餌・沼地・群れ・ハヤブサ」（出現回数10回以上）である。物語の題名である「大造じいさん」，展開上重要な位置を占める「ガン・残雪」が上位を占めていることは予測できる範囲である。ここで注目したい語は，上位3つを支える語として「餌・沼地・群れ・ハヤブサ」が多く出現する点である。上位3語に注目して物語を読み解くことは必要だが，それを支える語である「餌・沼地・群れ・ハヤブサ」に着目した読みの可能性も示唆される。

これらキーワードから想定される物語の枠組み（展開上の骨格）は，以下のⅠ～Ⅲである。

Ⅰ　「ガン・残雪・大造じいさん」を中心に物語が展開される。

Ⅱ　場面・状況は，「沼地」に「餌」を求めて（ガンが）「群れ」でやって来る。

Ⅲ　「ハヤブサ」を場面転換の鍵として設定している。

〔分析② 共起ネットワーク〕

共起ネットワーク（本節末，図表32b）から，特徴的な語句群を取り上げ，想定できる読解上の課題をつかむ。

【語句群】（☆は重点課題）

①　「狩人」の「集まり」に来ていた大造じいさんから聞いた「話」をもとに書いた物語であることの理解。（物語の前提・聞き伝え）

☆②　「餌」を取りに来る「ガン」を狩るために，「夜」に仕掛けをし，早朝から「小屋」で「待つ」までの大造じいさんの行動の整理とその間の気持ち。

③　「ハヤブサ」の，この物語における役割。

④　ガンが「沼地」に「群れ」で「やって来る」理由と待ち受ける大造じいさんの年ごとの行動・気持ちの整理とその変化。

⑤　大造じいさんが，残雪の仲間であったガンを「口笛」を「吹け」ば自身の元に帰ってくるほど手なずけた理由。おとりとなったガンの状況と物語における役割。

共起の関係から，上記５点の課題が想定できる。特に，出現回数の多い「ガン」と中心的媒介物となる「餌」を核とした②の語句群に関わる課題は，読解において重視すべきものと考える。

以上，抽出リスト・共起ネットワークの２つの分析方法から，「大造じいさんとガン」の場合，「ガン（残雪も含む）」を読みの起点として設定し，そのガンに対する狩人としての大造じいさんの想いや行動の変化を読み取ることが学習の中心的課題として想定できる。

従来，大造じいさんを中心にガンに対する想いを読み取ることが多いが，テキストマイニングの結果から，ガンに読みの中心を置き大造じいさんの心を読み解く授業展開の設定が示唆される。

2)「走れメロス」（太宰治）

分析本文は，『太宰治集』（日本文学全集 70)』（集英社，1967 年）所収「走れメロス」（pp.326－335）を底本に，デジタルデータ化したものを用いる。データ化に際し，分析を円滑に進めるため，漢字を常用漢字に改める，語句の意味の明確化を図るために平仮名表記を漢字に改めるなど，一部本文表記の修正を施した。

分析に際しておこなった前処理の結果，「大造じいさんとガン」における分析対象データは 76 段落 506 文，総抽出語数（延べ語数）は 6495 語，異なり語数（出現した語の種類）1312 語であった。

〔分析①　頻出上位 30 語の抽出〕

抽出リスト（本節末，図表 33a）から，当該物語の読みにおける主キーワードの抽出をおこない，そのキーワードから想定される物語の枠組みを示す。

主キーワードは「メロス・走る・人・友・殺す・今・ああ・セリヌンティウス・言う・男・妹・殴る・王・市・信じる・日」(出現回数10回以上)である。物語の題名である「走れメロス」に配置された語である「メロス・走る」が上位を占めていること，また，親友セリヌンティウスに関連する「友・セリヌンティウス・殴る」，暴君ディオニスに関連する「殺す・王」，主題に関連する「信じる」が10回以上出現することは予測できる範囲である。ここで注目したい語は，「人・今・ああ・妹・市・日」である。「人」だけではわかりにくいが，元の文をたどると，「人を殺す」「人を，信じる」「人の心」「人たち」「人の信実」「(待って・期待して) いる人がある」「人の命」など，心情・行動が付随する「人」が多く描かれている。そのうちの重要な人のひとりとして「妹」が存在しているのであろう。

また，「今」が多く出現していることも重要である。過去や未来の物語ではなく，まさに「今」起こっている事態やそれに対する行動・心情が如実に描かれているといえる。

さらに，感動詞の「ああ」が多く出現する点も注目すべき点である。元の文をたどると，ほとんどがメロスの発話 (15例中3例は，フィロストラトスの発話) として出現するが，すべて「嘆き・あきらめ・怒り」といった否定的・消極的な意味の感動詞である。

最後に注目したい語が「日」である。元の文をたどると，「日も落ちて」「日はすでに高く昇って」「日はすでに西に傾きかけて」「日の沈まぬうちに」「日が沈む」「日は沈まぬ」「日はゆらゆら地平線に没し」のように，日の浮き沈みが描かれている。この浮き沈みは，メロスの行動・心情の浮き沈みと密接に結びついたものと捉えると，この「日」は，物語全体の象徴する語といえ，新たな読みの視点を得ることができるのではなかろうか。

先に示した「メロス・走る・セリヌンティウス」など，題名や主題から予測できる語を中心に読み解くことは必要だが，「人」「今」「ああ」「日」に着目することで，これまでとは違う視点からの読み解きの可能性が示唆される。

これらキーワードから想定される物語の枠組み (展開上の骨格) は，以下のⅠ～Ⅵである。

Ⅰ　「メロス」が，村からシラクス（王城）まで「走る」間の状況や心情の変化を中心に物語が展開される。

Ⅱ　友である「セリヌンティウス」，敵対的関係である「王」ディオニスは，物語展開上の重要人物である。

Ⅲ　「人」の内面に迫る内容を包括する。

Ⅳ　まさに「今」起こっていることに焦点化している。

Ⅴ　メロスの嘆き・あきらめ・怒りといった否定的・消極的心情が如実に現れている。

Ⅵ　物語全体の展開の象徴物として「日」の浮き沈みが描かれる。

〔分析② 共起ネットワーク〕

共起ネットワーク（本節末，図表33b）から，特徴的な語句群を取り上げ，想定できる読解上の課題をつかむ。

【語句群】（☆は重点課題）

☆①　花嫁（妹）と花婿のために，一牧人であるメロスが，シラクスの街へ歩いていくが，老翁への質問で状況が一変する。この老翁への質問の前後の読み取りから，メロスのシラクスの街に来た意図の変化と心情の変化の理解。

②　メロスとセリヌンティウスが「自分（の「頬」）を「殴れ」」と互いに言っている理由(メロス・セリヌンティウス，それぞれの理由)と２人の関係。

③　「日」と「沈む」の関係性と物語における意味。

④　物語における妹の「結婚式」が果たす役割。

⑤　物語における「老爺」が果たす役割。

☆⑥　２度目の村からシラクスへ太陽が見えるうち（沈む前）に向かう時の２つの試練（「濁流」（川の氾濫），「山賊」（襲われる）の意味。〔筆者は，「濁流」を人の直面する自然の驚異からくる障壁，「山賊」を物理的障壁と捉える。〕

⑦　「夢」か現かの状況で顔を見せた「悪い」心が「信頼」によって払拭されていくことの理解。

☆⑧　立ち上がることができなくなるという，3つめの障壁である精神的・肉体的疲労〔筆者は，自己葛藤・自己との戦いから来る障壁と解釈〕に対し，水が救い希望を与える理由の推測。

共起の関係から，上記8点の課題が想定できる。特に，共起の関係性が強く，関連語も多い①・⑥は，物語の展開上欠くことのできない重要なきっかけを示す語句群といえる。①は，メロスの故郷で結婚式の祝宴を挙げる妹の関連語と，祝宴の準備のために訪れたシラクスの街の関連語が，「牧人」（メロスのこと）を核につながり，老人への「質問」をきっかけにメロスを取り巻く状況が一変することを示す語句群であり，⑥は，親友との友愛のため急ぐメロスを襲う2つの障壁（「濁流」と「山賊」）に対峙し，心が折れかける場面の重要性を示す語句群である。この両語句群に属す語は『走れメロス』の読解上の主キーワードとなりうる点で，授業を組み立てる上で注視すべきものと考えられる。

以上，抽出リスト・共起ネットワークの2つの分析方法から，「走れメロス」の場合，「メロス」が「走る」ことになった理由を読みの起点として設定し，走り始めてから走り終わるまでの間の，取り巻く状況の変化，心情の変化を，「日」「人」「希望」「愛」「信頼」など物語の内面を象徴する語を手がかりに読み解くことが学習の中心的課題として想定できる。

従来，時系列で3つの障壁とそれを乗り越えたメロスの成長を中心に読み取ることが多いが，テキストマイニングの結果から，「人」の乗り越えるべき障壁を知り，「人」とは何か，「希望」「愛」「信頼」は「人」が生きる上でどのような意味を持つのか，など，人間存在を問う授業展開の設定が示唆される。

4.4.5　小学校高学年と中学校教材の差

「大造じいさんとガン」（小学校5年生），「走れメロス」（中学校2年生）の2作品を例に，テキストマイニングの機能（語の抽出と共起ネットワーク）

を用いての分析を試みた。

ひとつめの頻出語の抽出（図表32a・33a）の結果から，頻出の語の上位に位置する語句が題名に示された語と一致する傾向が強いといえる。本稿では他作品の分析結果は紙幅の都合上示していないが，例えば「スイミー」,「ずうっとずっと大すきだよ」,「ごんぎつね」は，題名に関連する語が上位を占める。分析済みの作品が少ないため推定的見解ではあるが，物語読解の重要な手がかりが題名に関連する語である作品が多いといえる。

2つめの共起ネットワーク（図表32b・33b）の結果の比較から，特に目立つ傾向として以下の①～③がいえる。比較をするための，共起ネットワーク作成の際の条件は2作品とも同じであることを，ここで再度確認しておく。

①「大造じいさんとガン」よりも「走れメロス」の方が，図の密度が高い（関連語句群が多い）。
②「大造じいさんとガン」よりも「走れメロス」の方が，読みの上で意味のあると考えられる語句群が多い。
③「大造じいさんとガン」は，主キーワードである「ガン」を核とした語句群が物語の中心をなすのに対し，「走れメロス」は，背景や状況に関連するものを核とした語句群が物語の中心をなしている。

①～③を踏まえて小学校教材と中学校教材の差がどこにあるのかを考察すると，小学校教材が主な登場人物（登場物）に寄り添いながら，絞られた関連語句群を視野に入れながら読み進めるのに対し，中学校教材は背景やあらゆる状況を加味しながら，複雑に絡み合った語句群と主な登場人物（登場物）を関連させながら客観的読みを進める傾向にあるといえる。小学校教材よりも中学校教材の方が読みに対する多角的視点と読みの高度化が求められるのである。

ここに示した推測的見解は，これまでの教材研究の過程においても教師各々が得た結果と一致する，当たり前の見解だとの評価はまぬがれない。

ただ，本研究の主眼は，教材の視覚化である。従来の文章読解を中心とした分析，構造や系統的分析の結果と同様の情報を，統計学的分析から視覚化

図表 32a 「大造じいさんとガン」頻出上位 30 語

順位	抽出語	出現回数	順位	抽出語	出現回数	順位	抽出語	出現回数
1	ガン	35	11	小屋	6		翌日	5
2	残雪	25		釣り針	6		来る	5
3	大造じいさん	22		飛ぶ	6	23	胸	4
4	餌	15		辺り	6		姿	4
5	沼地	15	15	羽	5		思う	4
6	群れ	12		感じる	5		狩り	4
7	ハヤブサ	10		昨日	5		狩人	4
8	やって来る	8		仲間	5		吹く	4
	空	8		鳥	5		声	4
10	今年	7		目	5		飛び立つ	4

図表 32b 「大造じいさんとガン」共起ネットワーク

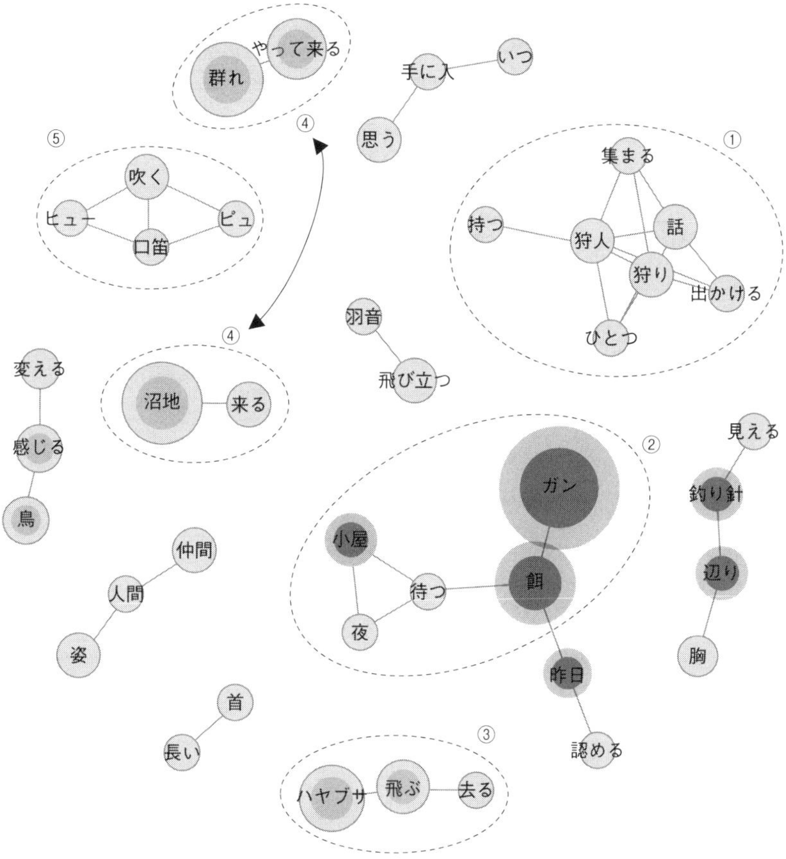

図表 33a 「走れメロス」頻出上位 30 語

順位	抽出語	出現回数	順位	抽出語	出現回数	順位	抽出語	出現回数
1	メロス	76		信じる	11		命	7
2	走る	25	16	日	10	30	王	6
3	人	20	17	帰る	9		家	6
4	友	18		死ぬ	9		気	6
5	殺す	17		声	9		急ぐ	6
6	今	16		村	9		結婚式	6
7	ああ	15		待つ	9		持つ	6
	セリヌンティウス	15	22	笑う	8		自分	6
9	言う	14		沈む	8		身代り	6
10	男	12	24	疑う	7		濁流	6
	妹	12		群衆	7		答える	6
12	殴る	11		出る	7		暴君	6
	王	11		心	7		約束	6
	市	11		歩く	7			

図表 33b 「走れメロス」共起ネットワーク

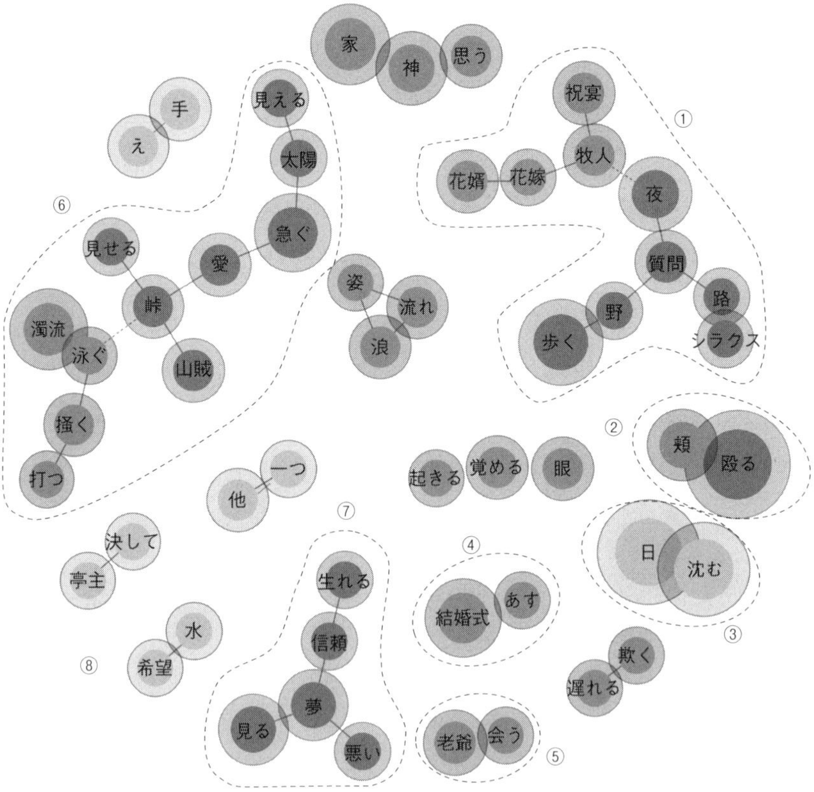

できる点において，作品研究の有効な方法のひとつと位置付けたいのである。

4.4.6　テキストマイニング活用の現段階における課題と今後の展望

ここまで述べてきたように，統計学の理論を活用したテキストマイニングの作品（教科書に掲載された素材）の読みへの導入は，その読みに新たな客観的視点を与える可能性が高い。

ただ，残された課題は大きい。それは，分析結果データをどう読み解き，授業にどう活かすかを考えるのにおいて，客観的手法が確立できていないことである。本稿においても，データはより客観的であってもそのデータの読み方や活用方法の考案の段階においては，主観的なものとなっている感は否めない。

今後は，教科書教材のうち，まずは物語作品に注目してテキストマイニングによる分析データの蓄積を試みる。また，データ分析の結果を客観的に読み解くための視点や方法の確立をめざすことを目標とし，これまでとは違う視点からの授業展開や新たな発問の提案をおこなっていきたい。

4.5　和歌文学研究の視点と中学校和歌授業の接点

——主体的学びを促すための基礎的研究——

〔本節のキーワード〕
和歌，文学研究，整理，中学校古典，授業展開の視点，紀貫之，古今和歌集，研究成果の活用，研究と教育の連携，主体的学び

4.5.1　和歌文学研究の動向と本稿の目的

平成 27 年，和歌文学会創立六十周年記念として「和歌を学び，教えるということ」をテーマにシンポジウムが開催された（和歌文学会（2016）に内容が活字化）。和歌文学研究を専らとしてきた和歌文学会において，教えることに言及したことは，古典文学の継承・発展への危惧と，継承最後の砦である教育現場への期待の現れであり，今後の国語教育に波及する意味で，その意義は大きい。

和歌研究専門の学会が古典教育についての提言をおこなうことはとても望ましく，この機運は蓄積してきた研究の成果を具体的に活かす絶好の機会といえる。そのためには，専門家でなくとも授業に活かせるある一定の指針や拠り所を，研究者側が提示する必要がある。

学習指導要領（平成 29 年）で示された主体的・対話的で深い学びの実現に向け，これまで蓄積してきた和歌文学研究の視点や成果を中学校国語科の授業に活かすことが重要である。本稿においては，和歌文学研究の視点の概要をまとめ，現状の授業との関連性を捉え，次期要領改訂に向け古典教育をどうすべきか，その拠り所となる視点を示そうとするものである。

対象教材は，中学校課程国語科の教科書に採用されている，『万葉集』『古今集』『新古今集』の和歌教材である。中学校課程を対象としたのは，将来的に我が国の言語文化を継承・発展させる態度を育てるためには，古典授業の本格的導入期にある中学生に興味・関心を持たせることが最重要と考えたからである。また，韻文である和歌に着目したのは，日本古来の言語伝統文化の代表格であり，古今集が和語による最初の勅撰和歌集であることでもわ

かるように，最も古い和語による言語文化形態を持っているからである。物語に比べ，31 字と圧倒的に文章が短く，しかし，その中に，物語に匹敵するほどの人の想いや風景描写，情景描写，ものの見方や考え方，人の生き方までが凝縮される。その上，日本語の言語リズムの特徴といえる五音・七音（五七調・七五調）で構成され，日本語の美しい響きや日本語独特の表現技巧が多く，学ぶべきものが多い。つまり，和歌の授業をおこなうことは，伝統的な言語文化の継承・発展に最も寄与すると考えるのである。

このことを踏まえ，本稿における研究方法を以下のとおりとしたい。

①これまで蓄積されてきた和歌文学研究の視点をまとめる。
②教科書に設定された『万葉集』『古今和歌集』『新古今和歌集』（以下『古今集』『新古今集』と略記する）の和歌教材の末の「学習」に示された内容から，現行授業で求められる学習内容を明らかにする。
③研究の視点と授業の視点を比較し，どれほど研究の成果が授業に活かされているかを調査する。
④学習指導要領（平成 29 年）に求められる主体的・対話的で深い学びの実現の観点から，古典教育の教育視点を明らかにする。
⑤研究の視点，授業の視点，教育の視点の関係から，指導要領の実施に向けた具体的授業方法の確立のための基礎的研究とする。

和歌文学研究の視点をまとめるにあたり，山岸（1997），久保田（1994），谷（2006）を中心に，『新編国歌大観 第 1 巻 勅撰集編』の解説，和歌文学関連事典を参照した。

4.5.2　蓄積されてきた和歌文学研究の視点

和歌を論ずることは，古くからおこなわれてきた。それは，すでに『古今集』（延喜五〔905〕年奏上）の仮名序に現れている。紀貫之は，「そもそも和歌とはどのようなものか」をはじめ，和歌について論じている。以後，勅撰和歌集八代集期，十三代集期，勅撰和歌集終焉期，江戸時代以降の本文復元・研究期などを経，現代に至るまで脈々と研究が続けられ，膨大な研究成果を得てきた。

1）紀貫之が示した和歌文学研究の視点

紀貫之は，古今集の仮名序において，「和歌とは何か」という本質的な問いをはじめ，和歌に対して様々な切り口から論じている。貫之は，研究をおこなっていく上での重要な示唆を与えてくれる。以下，仮名序の当該箇所を引用し，貫之の示した内容を研究の視点としてまとめる。引用は，新潮日本古典集成『古今和歌集』（新潮社）による。

【和歌の本質】

やまと歌は，人の心を種として，よろづの言の葉とぞなれりける。世の中にある人，ことわざ繁きものなれば，心に思ふことを，見るもの聞くものにつけて，言ひ出せるなり。

【和歌の起こり】

人の世となりて，素戔嗚尊よりぞ，三十文字あまり一文字はよみける。

【想いを伝える恋歌】

素戔嗚尊は，天照大神のこのかみなり。女と住みたまはむとて，出雲の国に宮づくりしたまふ時に，その所に八色の雲のたつを見てよみたまへるなり。

八雲たつ　出雲八重垣　妻ごめに　八重垣つくる　その八重垣を

【手習いの手本】

この二歌は，歌の父母のやうにてぞ，手習ふ人の初めにもしける。

＊「この二歌」

・難波津に　咲くやこの花　冬ごもり　今は春べと　咲くやこの花

・安積山　影さへ見ゆる　山の井の　浅き心を　我が思はなくに

【六つの詠歌技法】そもそも歌のさま，六つなり。

＊「歌のさま，六つ」

・そへ歌・かぞへ歌・なずらへ歌・たとへ歌・ただこと歌・いはひ歌

【理想の和歌】

そのはじめを思へば，かかるべくなむあらぬ。いにしへの代々の帝，春の花の朝，秋の月の夜ごとに，さぶらふ人々を召して，事につけつつ歌をたてまつらしめ給ふ。あるは，花をそふとてたよりなきところにまどひ，あるは，月を思ふとてしるべなき闇にたどれる心こころを見給ひ，賢し愚かなりと知ろしめしけむ。

【二人の歌聖と六歌仙】

正三位柿本人麿なむ，歌の仙なりける。[……] また，山辺赤人といふ人あり。歌にあやしく妙なりけり。人麿は，赤人が上に立たむことかたく，赤人は人麿が下に立たむことかたくなむありける。[……] 近き世に，その名きこえたる人は，すなはち僧正遍照は，歌の様は得たれども，まこと少したとへば絵にかける女を見て，いたづらに心を動かすがごとし。[……] 在原業平は，その心余りて言葉たらず。[……] 文屋康秀は，言葉はたくみにて，そのさま身におはず。[……] 宇治山の僧喜撰は，言葉かすかにして，初め終はり確かならず。[……] 小野小町は，いにしへの衣通姫の流なり。[……] 大友黒主は，そのさまいやし。

【撰集過程】

いにしへのことをも忘れじ，古りにしことをも興したまふとて，今もみそなはし，後の世にも伝はれとて，延喜五年四月十八日に　大内記紀友則御書所預紀貫之，前甲斐少官凡河内躬恒　右衛門府生壬生忠岑らにおほせられて，萬葉集に入らぬ古き歌，みづからのをも奉らしめたまひてなむ，[……]。すべて千歌二十巻，名づけて古今和歌集といふ。

【文化継承】

人麿亡くなりにたれど，歌の事とどまれるかな。たとひ，時移り，事去り，たのしび，かなしび，ゆきかふとも，この歌の文字あるをや。青柳の糸絶えず，松の葉の散り失せずして，正木の葛長く伝はり，鳥の跡久しくとどまれらば，歌のさまをも知り，ことの心を得たらむ人は，おほぞらの月を見るがごとくにいにしへを仰ぎて，今を恋ひざらめかも。

仮名序には，「和歌の本質」，「和歌の起こり」，「想いを伝える恋歌」，「手習いの手本」，「六つの詠歌技法」，「理想の和歌」，「二人の歌聖と六歌仙」，「撰集過程」，「文化継承」の九つの和歌文学研究の視点が示されている。紀貫之の示唆する研究の視点は，以後の研究の骨格をなすものといえる。

2）蓄積されてきた和歌文学研究の視点

『古今集』仮名序に始まり，これまで千年あまりの様々な切り口からの研究結果が蓄積され，多くの視点が見いだされてきた。仮名序から得られた9つの視点を基礎資料とし，以後の研究から得られた主な視点を加える形で分類すると，「N その他」を含めると，おおよそ，次に示すAからNの14分類となる。

A「本質」――①和歌の本質　②なぜ和歌を歌うのか……など
B「歴史」――①起源　②歴史　③今と昔の比較……など
C「和歌を詠む行為」――①贈答歌　②恋歌　③歌合　④屏風歌……など
D「書道」――①視写　②書写　③書道　④筆跡　⑤変体仮名　⑥硬筆・毛筆……など
E「表現・解釈」――①表現分析　②注釈　③現代語訳　④思いを馳せる　⑤鑑賞　⑥評論・批評
F「内面」――①心理　②心情　③情景　④脳内イメージ……など
G「詠作手法」――①題詠　②見立て　③屏風絵（屏風歌）
H「歌論・歌風」――①歌人論　②歌集論　③歌壇　④歌論　⑤ますらをぶり　⑥たをやめぶり　⑦幽玄・艶　⑧唯美主義　⑨夢幻　⑩古今

伝授……など多数

I「修辞技法」――①枕詞　②序詞　③掛詞　④縁語　⑤本歌取り　⑥歌枕　⑦二句切れ・三句切れ　⑧体言止め

J「詠作空間」――①詞書　②歌題　③場　④背景　⑤風景

K「他ジャンルとの関わり」――①漢詩と和歌　②物語と和歌　③宗教と和歌　④絵画と和歌　⑤自然と和歌……など

L「文化継承」――①A～Hすべて含む　②写本・版本　③本文の復元・本文　異同・本文研究……など

M「和歌を詠み上げる・詠作」――①音読　②朗読　③メロディー　④リズム　⑤観察　⑥制作……など

N「その他（研究手法）」――①文献学　②書誌学　③文学史での位置付け　④文芸史　⑤文体論　⑥心理分析　⑦比較文学　⑧民俗学　⑨その他

紙幅の都合上，詳細は記さず，キーワードの掲出に留めたが，ここに示したように，研究の視点は多岐にわたる。これらの視点を和歌の授業に活かせば，生徒の様態に合わせて，多種多様な授業展開が期待できる。

4.5.3　現行教科書に示された目標や学習の手引きから和歌授業の現状を探る

平成30年度時点の中学校教科書の目次を概観すると，光村図書（2016），三省堂（2016），教育出版（2016）など，多くの出版社が，『万葉集』，『古今集』，『新古今集』の代表的歌集を学習材として採用している。本稿では，前掲3社の教科書の当該学習材本文末に付された学習の手引きの記述から，現行教科書で求められている授業内容を探る。

(1)　三省堂（2016）「現代の国語3」

単元名：古典に学ぶ

教材名：①和歌の世界――万葉集・古今和歌集・新古今和歌集――

②コラム コミュニケーションツールとしての歌

目　標：①和歌の詠まれた背景を想像しながら，情景や心情を読み取る。

和歌のリズムや意味の切れめに注意して，音読しよう。

学　習：＊和歌が詠まれた背景を想像しながら，それぞれの和歌の情景や心情を捉えよう。

＊最も印象に残った和歌を一首選び，その歌を紹介する文章を書いて，交流しよう。

＊和歌の形式や表現の特徴を捉え，その効果について理解する。

(2) 光村図書（2016）「国語 3」

単元名：いにしえの心と語らう――作品の背景を想像して読み，古典の心を今に活かす――

教材名：①古今和歌集　仮名序　　②君待つと――万葉・古今・新古今

目　標：①＊音読を楽しもう

②＊効果的な表現や語句の使い方に着目して，和歌を読み味わう。

＊和歌に現れた昔の人の心情や情景を読み取る。

学　習：＊それぞれの和歌に詠まれた心情や情景を読み取り，感じたことや考えたことをまとめてみよう。

＊和歌を声に出して読み，言葉の響きやリズムを楽しもう。

＊心に響いた和歌を一首選び，脚注なども参考にしながら心情や情景を考え，鑑賞文を書いてみよう。

＊それぞれの歌集の歌人たちが和歌に詠んだ心情や情景を，現代語訳を基に想像してみよう。

＊「万葉集」「古今和歌集」「新古今和歌集」の歌を比較して，それぞれの表現について感じたことなどを話し合ってみよう。

＊和歌にはどんな表現上の特徴があったか。

＊それぞれの和歌に詠まれた心情や情景から，どんなことを感じたか。

(3) 教育出版（2016）「伝え合う言葉 中学国語 3」

単元名：歴史的背景を調べ，古典に親しもう。

教材名：和歌の調べ――万葉集・古今和歌集・新古今和歌集――

目　標：歴史的背景などに注意して和歌を読み，リズムを味わい，技法を知る。古典に表れたものの見方や考え方について，自分の考えを深める。和歌にみられる，自然や人間に対する感じ方について，感想を発表する。

学　習：＊歌の意味を考えながら，繰り返し朗読してみよう。

＊句切れを意識しながら朗読し，リズムを味わおう。

＊歌の意味から，作者は自然や人間についてどのように感じているか，話し合おう。

＊教科書に掲載されている歌の中から最も印象に残ったものを選び，歌の背景やよまれている情景や心情について調べよう。

＊調べた歌について400字程度で鑑賞文を書き，クラスで発表しよう。

(1)～(3)に示したものが，各社設定の目標と学習内容である。特に学習内容に記されたキーワード（太字下線を付したもの）に注目し集計したものによって，中学校和歌教材に求められる学習内容を明らかにする。

【取り出したキーワード】

三省堂……背景・情景・心情・選び・紹介する文章・交流・形式・表現

光村図書…心情・情景・感じたこと・考えたこと・声に出して・響き・リズム・選び・心情・情景・鑑賞文・心情・情景・想像・比較・表現・感じたこと・話し合って・表現・心情・情景・感じたか

教育出版…意味・朗読・句切れ・朗読・リズム・意味・自然・人間・話し合おう・選び・背景・情景・心情・鑑賞文・発表

先に取り出したキーワードを，同一語句・同一内容で集計したものが，図表34である。

この結果をみると，「情景」と「心情」の読み取りが学習の中心をなし，次いで，「声に出す・響き・朗読・リズム」の音声表現，及び「表現・意味」

図表 34　調査 3 社教科書にみる和歌教材に求められる学習内容

声に出す	響き	朗読	リズム	形式	句切れ	表現	意味
1	1	2	2	1	1	3	2
背景	情景	心情	想像	感じる	考える	自然	人間
2	6	7	1	3	1	1	1
比較	選ぶ	話し合う	発表	鑑賞			
1	3	3	2	3			

の技法や解釈，そして何を「感じる」か，という学習へと続く。その学習を踏まえ，授業の最終目標は，話し合うことを通して，鑑賞することが主である。つまり，中学校国語科における和歌教材の授業の視点は，音声表現，読解を通して，「読み味わう」ことが主体となっているのである。

4.5.4　平成 30 年段階の中学校の授業内容と和歌文学研究の視点の比較

前節で述べた中学校国語科における和歌教材の授業の視点は，4.1 に示した和歌文学研究の視点 A から N のどこに位置するのかを示し，研究の視点がどれほど授業の視点に反映しているかをみたい。以下①か⑩の比較結果は，「授業の視点」—【研究の視点】で示す。

①「声に出して・響き・朗読・リズム」—【M】
②「形式・句切れ」—【I】
③「表現・解釈・意味」—【E】
④「背景」—【J】
⑤「情景・心情」—【F】
⑥「想像・感じる・考える」—【E】
⑦「自然・人間」—【K】
⑧「比較」—【N】
⑨「選ぶ・鑑賞」—【E】
⑩「話し合う・発表」—【ナシ】

E・F・I・J・K・Mの6つの視点が授業に反映しているといえる。これは，筆者が示した研究の視点14分類に対して，約4分の1の一致である。つまり，研究の視点からみると，まだA・B・C・D・G・H・L・Nの8つの視点での授業展開の可能性が残されているのである。

4.5.5 研究の視点と授業の視点と古典教育の視点

蓄積された和歌文学研究の視点，現行教科書による和歌授業の視点を整理し，それを比較することで，和歌文学研究の成果が中学校の授業にどの程度活かされているのかを考察した。結果，和歌文学研究の成果「E・F・I・J・K・M」はすでに活用されていることがわかった。この6視点については，新たな活用方法を模索することが重要である。

先にも述べたように，和歌文学研究は，すでに紀貫之の記した仮名序の記述から始まり現代に至るまでその蓄積された成果は膨大であり，研究成果「A・B・C・D・G・H・L・N」は，まだ中学校古典授業に反映されていない。この8視点を活かすための授業方法の模索と授業計画の検討が必要であり，中学校学習指導要領（平成29年）で求められる主体的・対話的で深い学びの実現のひとつの鍵となる。

例えば，A・Bの視点を活かし『古今集』仮名序を読むことを通して「そもそも和歌とはどういうものか」,「和歌の面白みはどこにあるのか」という和歌に関するそもそも論を考えたり，和歌の成り立ちを実感できる授業を作る。その際，原文でなくとも現代語訳でもよい，もっとわかりやすい超訳のようなものでも,「和歌の調べ――仮名序――」のようなタイトルでマンガ化したものを作り用いてもよいであろう。つまり，和歌自体の意味や解釈をするだけではなく，和歌自体の持つ世界観と歌を詠むに至る経緯，歌を詠むことの自体の素晴らしさを実感させることが重要となる。

4.5.6 まとめと今後の課題

本稿では，和歌文学研究の成果を整理し，その成果が中学校の和歌授業にどの程度活かされているのかを比較研究を通して明らかにし，中学校学習指導要領（平成29年）にどのような考えを持って臨むべきかを述べた基礎研究に留まっている。残された課題は多いが，特に，中学校学習指導要領（平成29年）に示された主体的・対話的で深い学びの実現に向け，具体的な指導方法や学習計画の提示を，今後の研究の中心的課題としたい。

〈直接引用文献〉

有働玲子（2018）「Ⅳ話し言葉 73 音読・朗読」田近洵一・井上尚美・中村和弘編『国語教育指導用語辞典』教育出版，160－161.

岩永正史（2000）「「認知科学の応用」から「国語科教育の認知科学」へ（国語教育研究方法論，国語科教育研究の歴史と展望）」『全国大学国語教育学会発表要旨集』99号，256－259.

川﨑惠里子編（2014）『文章理解の認知心理学―ことば・からだ・脳―』誠信書房.

北村拓也（2012）「シンキング・ツールと朗読劇を取り入れた古典の授業」『滋賀大学教育学部附属中学校研究紀要』第54集，20－27.

柴田優子（2020）「教員採用試験からみる家庭科教員が衣生活分野で求められる力」『和洋女子大学紀要』第61集，57－68.

下山晴彦編（2011）『認知行動療法を学ぶ』金剛出版.

末吉美喜（2019）『テキストマイニング入門―Excel と KH Coder でわかるデータ分析―』オーム社.

高橋俊三（2011）「〈読むこと〉33．音読，朗読，群読」日本国語教育学会編『国語教育総合事典』朝倉書店，466－475.

田近洵一（2011）「11．読むことの教育」日本国語教育学会編『国語教育総合事典』朝倉書店，110－121.

寺本貴啓（2011）「教員免許取得希望の大学生における教師観に関する一考察―テキストマイニングによる質的分析―」『國學院大學人間開発学研究』第2号，49－60.

永作稔（2012）「認知行動分析シート」『「大人への階段をのぼる」それを促し，支える役割への心理学的視座』（講演），〔日本キャリア教育学会中部地区部会 2012 年度第1回定期研究会（2012.8.19 南山大学）における講演で示された資料をもとに作成〕

那須川哲也（2009）「テキストマイニング」言語処理学会編『言語処理学事典』共立出版，368－373.

半田市教育委員会編（2012）『新編 新美南吉代表作集（改訂版）』半田市教育委員会，16－23.

樋口耕一（2001）『KH Coder』〔科学研究費補助金および立命館大学研究推進プログラムによる助成を受けた研究成果の一部〕http : //khcoder.net/

平本留理・蓬萊尚幸・河原井翼（2018）「テキストマイニングによる説話文学研究の可能性―『古今著聞集』巻一，抄入部の検証を中心に―」『国語の研究』（大分大学国語国文学会）43 号，12－21.

深澤克朗・沢登千恵子（2016）「中世古典文学におけるテキストマイニングの試み」『情報知識学会誌』26 巻 2 号，152－157.

深澤克朗・沢登千恵子（2017）「和歌集における計量分析と機械学習による判別」『情報知識学会誌』27 巻 2 号，133－143.

福島知津子（2020）「中学校及び高等学校における総合的な学習の時間の学びに対する学習者の意識調査」『大阪女学院大学紀要』16 号，21－35.

福谷泰斗・皆川直凡（2019）「テキストマイニングを用いた授業の理解状態把握に関する検討―中学校社会科の授業実践をもとにした質的分析の試み―」『鳴門教育大学情報教育ジャーナル』第 16 号，7－16.

やぎたみこ（2011）『ほげちゃん』偕成社.

守随憲治（1947）『歌舞伎劇戯曲構造の研究』北隆館.

山元隆春（2018）「Ⅱ読解・読書指導　25 読解」田近洵一・井上尚美・中村和弘 編『国語教育指導用語辞典』教育出版，60－61.

ユーザーローカル（2007）『User Local AI テキストマイニング』株式会社ユーザーローカル https : //textmining.userlocal.jp/

吉田佐治子・藪中征代（2015）「幼児期の絵本の読み聞かせが就学後の読書に及ぼす影響」『摂南大学教育学研究』第 11 号，33－46.

李錦玉（1981）『さんねん峠（絵本）』岩崎書店.

〈参考文献〉

和歌文学会（2016）「〔シンポジウム〕和歌を学び，教えるということ」『和歌文学研究』第 112 号.

山岸徳平（1977）『日本文学研究のために』新典社.

久保田淳（1994）「和歌をどう論じるか　進め方と実例」『国文學 解釈と教材の研究』第 578 号.

谷知子（2006）『和歌文学の基礎知識（角川選書 394）』角川書店.

樋口耕一（2014）『社会調査のための計量テキスト分析―内容分析の継承と発展を目指して―』ナカニシヤ出版.

樋口耕一（2004）「テキスト型データの計量的分析―2 つのアプローチの峻別と統合―」『理論と方法』数理社会学会，19 巻 1 号，101－115.

結　び

――素材研究の全体像と素材と向き合うことの意義と視点――

本書は，Society 5.0 に即した学習指導要領の改訂と国語科に与えられた課題の整理のもと，良質な素材を有用性のある教材に高めるための素材研究の必要性かつ重要性と，素材研究の視点と具体的方法を提示することを論じることを主としたものである。しかし，素材研究全体からすれば，部分的言及に留まっており，本書の内容を持って素材研究の全貌を語ることはできないのは明白である。しかし，今後重視される「主体的・対話的で深い学び」を得ることのできる授業を児童・生徒に提供するためには，教師の手によって様々な視点・方法によって素材を有用性のある教材に高めるための起点となる素材研究の重要性の示唆，及びその分析の視点と具体的方法の一端を示すことはできたのではないかと考える。

ただ，素材研究における分析の視点のいくつかを並列的に述べるに留まることは，素材研究の視点の全体像を明らかにすることにはつながらない。よって，今後の研究の土台とすべく，各章節に示した素材分析のいくつかの視点の関係性を俯瞰するとともに，教師が素材に向き合うことの意義についての私見を述べることをもって，本書の結びとしたい。

1　素材分析の各視点の関係性

本研究では，従来おこなわれてきた教師の経験則に基づく主観的読み，辞書類に示されたデータ等を活用した客観的読みをはじめとし，言語発達や言語獲得，文章構造，本文異同，文法，演劇脚本，認知行動療法の理論，情報処理技術（テキストマイニング），学問研究成果を手がかりに，素材研究の視点と具体的方法を示したが，これらを踏まえて筆者が素材研究の視点として俯瞰的にまとめたものが次の（1）～（4）である。

(1) 通読的読みの視点

①主観的読み（教師の持つ知識・教養，経験則に基づく読み）

②客観的読み（辞書類，データに基づく読み）

③先行研究の結果を踏まえた学問的読み（学問と教育の連携・連動）

(2) 言語分析の視点

④言語発達（児童・生徒の置かれる言語環境）

⑤言語獲得（経験・体験（疑似体験も含む））

⑥情報処理技術を活用した言語処理（テキストマイニング）

⑦文法的解釈

(3) 構造分析の視点

⑧文章内部における対立・変化構造

⑨文章と読み手との関係性における対立構造

⑩登場人物に対する認知・行動分析（認知行動療法の理論）

(4) 比較読みの視点

⑪初稿と定稿（本文異同）を手がかりとした読み

⑫通常本文と脚本本文（ト書き）を手がかりとした読み

近年，どの研究分野においても，研究の細分化，緻密化によって，より精度の高い有用な研究成果が提供されるようになった。その反面，研究の専門化が進むにつれ，それを解する人のみしか活用できないという現状もみえる。国語科教育研究に関しても同様で，本書でも示したような専門的知見からの研究も今後増えていくと予測される。しかし，例えば，素材研究に関していうと，細部にわたる検討が進んだとしても，全体像の把握を伴わなければ，素材本来の味を引き出すことにはつながらないのではないか。やはり重要なことは，全体像を把握した時に生じる課題を解決するための方法として，はじめて専門的知見による緻密な研究方法が生きるのである。よって，教師がおこなう素材研究の視点として，文章全体の内容を把握するための通読的読みは絶対的に必要といえるのである。

全体像を摑んだ上で，ことばを中心に扱うという国語の教科特性から考えると，言語に関わる研究の視点は必要となる。特に物語文においては，物語の世界と現実世界の乖離が今後ますます進むことによって，児童・生徒からみれば実感を伴わない語句が年々増えていくであろう。それら語句と児童・生徒を，何かしらの経験・体験（疑似体験も含む）を通して結びつけるための視点も必要となる。一方で，これまで手動で処理していたもの，あるいは感覚的に理解していいたものを，テキストマイニングという情報処理技術による分析と視覚化することも新たな素材研究の視点となり得，その結果から新たな学習の観点や授業の深化への期待も高まる。

同様に，認知行動療法という心理学的知見も，文章構造の視覚化の有効な方法のひとつと考える。

また，素材自体の読みではなく，何かと比較して読むことでこれまで気づかなかったことに気づくことも多い。例えば，説明文教材の場合，同様のテーマや論点を持つものと比較することで，それぞれの文章の特徴や利点・欠点を浮かび上がらせるという効果がある。物語文においても同様の効果が期待できる。

今回示した素材研究の視点の関係性をまとめると，(1) 通読的読み（主観的・客観的・先行研究との連携）の視点による研究が絶対条件であり，そこから導き出された課題の解決の方法として (2) 言語分析の視点，(3) 構造分析の視点，(4) 比較読みの視点等による専門的アプローチを活用するとなる。特に，⑥情報処理技術を活用した言語処理（テキストマイニング），⑩登場人物に対する認知・行動分析（認知行動療法の理論），⑫通常本文と脚本本文（ト書き）を手がかりとした読みの３つ視点は，新たな読みの観点や発問，新たな学習過程の考案や再構築につながる可能性を大いに秘めている。

概略的ではあるが，以上が素材分析の各視点の関係性を俯瞰した結果である。

2　教師が素材と向き合うことの意義

児童・生徒は「主体的・対話的」活動を通して「深い学び」を得ていく。その学習の場を提供するのが，教師である。教師の英訳は，teacher であり，教師の仕事は，teaching である。これまでの教師主導の教育であれば，teacher /teaching で問題はない。しかし，これから教師には，teaching（教える・教授する）と同時に，design/designer，coordinate/coordinator の役割，つまり，「主体的・対話的」場面を生み出すための学習を「設計」のみならず，児童・生徒の主体的・対話的学びを「調整」したり「とりまとめ」たりするなど出場・出方についてもこれまで以上の配慮を要するのである。

この状況において，教師は，今まで以上に，教材への興味付けやその教材のおもしろさを実感させる方法の開発が求められる。特に国語科の場合，授業展開の中心には教材がある。「主体的・対話的」授業の提供には，その教材のどの部分をどのように活用し授業を design（設計）するか，思考活動や対話活動を活性化させるためにはどのような発問を設定し児童・生徒の話し合いをどう coordinate（調整・とりまとめ）することが鍵となり，その前提に教師自身の教材に対する読みの深さが必要となるのである。教師の読みの深さは，教材研究によって達成されるものであり，本書において主課題とした素材研究は，その教材研究の起点として重要な役割を果たすのである。

素材の本来の味を感じること，その感じたことを土台に様々な視点から研究を加え吟味することで素材を有用性のある教材へと高める。今後ますます教師が素材と向き合うことの意義は大きくなっていくのである。

3　今後の研究課題

以上，第 1 章から第 4 章の内容は，多く存在する素材研究の視点と方法のうち，ごく限られた一面を捉えたにすぎず，本書をもってその全貌を明らかにするものではないが，素材研究の重要性かつ必要性は主張できたのではないかと考える。今後は，本書内容を土台とし素材研究の全貌を明らかにすることを最終目的とし，当面は以下の 4 点を課題として研究を進めたい。

・新たに導入を提案した，テキストマイニング分析と認知行動療法の理論の，研究方法の確立と分析精度の向上
・素材研究の各視点の組み合わせによる教材化の方法の確立と，授業計

画及び実践

・実践結果の検証による素材研究の各視点・方法の有効性の検証

・新たな研究の視点の模索

あとがき

本書は，筆者がこれまでに雑誌などに発表してきたものに，新たな論考を加えてひとつにまとめたものである。

国語教育学研究を始めて約 10 年。これまで興味の赴くままに研究してきたと思っていたが，書籍としてまとめるにあたり自身の研究の成果を振り返ってみると，物語文の素材の解釈・分析や素材研究に重きを置いていたことに気づいた。赴くままにといいながら，研究の主軸は「素材研究」にあったのである。

思い起こせば，文章を理解したり，解釈したりが苦手で，そこから逃れるように，同朋大学では沼波政保先生のもと『平家物語』の諸本研究を，佛教大学大学院修士課程在籍時は，故 国枝利久先生，千古利恵子先生のもと『続千載和歌集』の伝本研究を，というように，文献・書誌学研究をもっぱらとしてきた。

皇學館大学大学院博士後期課程でも勅撰和歌集（十三代集）を対象に文献・書誌学研究をおこなった。その際，深津睦夫先生，故 髙倉一紀先生の教えを受け，国文学研究資料館や各地の図書館や資料館を訪ね歩く日々であった。

とにかくひたすら，解釈することから逃げ続けたように思う。当然，大学院の講義に和歌を解釈するものがあったが，やはり解釈が苦手であることから，根拠に乏しい自由奔放な解釈をしていたと記憶している。

その後，解釈することに苦手意識を持ったまま中学校・高等学校の教員をすることとなるが，ふと気づいたのである。国語の授業の核には教材があるが，その教材は，教師の解釈・分析を経て，いきいきと輝きだすことを。

しかし，解釈の苦手な筆者にはどうすることもできず，根拠に乏しい独自の理解による解釈で乗り切ることとなってしまう。そのような折，皇學館大学に赴任することとなり，当時皇學館大学の教授であった松田典祀先生のご指導を受けることとなった。松田先生の叙述に基づいた論理的解釈に触れ，解釈の根底には哲学・思想が必要であることを学び，国語科教員にとって論理的解釈力が必須で重要な能力であることを痛感するのである。と同時に，それまで自由奔放，根拠に乏しい独自の理屈による解釈をしていた自身を大いに恥じたのである。

冒頭に，「赴くまま」と書いたが，やはり，松田先生の学問研究に触れて以降，素材研究のあり方に関心を寄せていたのである。研究を本格的に始めた約10年前に，そのことに気づき，「素材の吟味」や「素材研究の視点」を柱として研究に臨んでいれば，もっと体系的に研究を深められたのではないかと思う。書籍としてまとめてみれば，まだまだ課題が多く，国語科教育研究のほんの入り口に立ったに過ぎない。研究者として反省すべきことである。

しかし，これまでの研究を振り返ることは，私にとってとても有意義なことであった。大学生から院生時代まで，ひたすら逃げ続けてきた「解釈」に関する研究に軸足を置くことで，これまで文献・書誌学一辺倒であった自分に気づき，そこから脱却できる良い機会となったと思う。

本書の刊行は，国語教育学研究に携わる多くの諸氏・諸先輩方の学恩，多くの先生方のご指導，そして京都文教短期大学の千古利恵子，皇學館大学の関根薫，両先生の特段のご配慮により成り立つものである。ここに謝意を述べる。

最後に，末筆ながら本書の刊行をお引き受けいただいたナカニシヤ出版社長中西良氏，刊行に至るまでの編集作業にご尽力いただいた白石健一氏，石崎雄高氏に，深く感謝申し上げる。

なお，本書は，皇學館大学令和2年度出版助成金の交付を受け刊行するものである。ここに記して謝意を表する。

■著者略歴
中條敦仁（ちゅうじょう・あつし）
1973 年　三重県生まれ
1996 年　同朋大学文学部国文学科卒業
1998 年　佛教大学大学院文学研究科修士課程国文学専攻修了
2001 年　皇學館大学大学院文学研究科博士後期課程国文学専攻単位取得満期退学
2003 年　皇學館大学にて博士（文学）を取得
2005 年　皇學館高等学校常勤講師
2008 年　皇學館高等学校教諭
2009 年　皇學館大学教育学部助教
現　在　皇學館大学教育学部准教授
著　作　『教育の探求と実践』〔共著〕（皇學館大学出版部，2018 年），『コミュニケーション論――ゆたかなコミュニケーションをめざして』〔共著〕（創文社，2006 年），「草稿と定稿の本文異同を生かした深い学びを得るための発問――ごんぎつねの場合」（『皇學館大学教育学部学術研究論集』第 1 号，2019 年），「強意の助詞に着目した『伊勢物語』「東下り」の学習指導」（『解釈』60 巻，2014 年），他

国語科教材研究の起点
――素材と向き合うことの意義と視点――

2020 年 9 月 29 日　初版第 1 刷発行

著　者　中　條　敦　仁
発行者　中　西　　良

発行所　株式会社　ナカニシヤ出版
〒606-8161　京都市左京区一乗寺木ノ本町 15
TEL　(075)723-0111
FAX　(075)723-0095
http://www.nakanishiya.co.jp/

印刷・製本／亜細亜印刷
＊乱丁本・落丁本はお取り替え致します。
ISBN978-4-7795-1493-7　Printed in Japan